essentials

Essentials liefern aktuelles Wissen in konzentrierter Form. Die Essenz dessen, worauf es als „State-of-the-Art" in der gegenwärtigen Fachdiskussion oder in der Praxis ankommt. *Essentials* informieren schnell, unkompliziert und verständlich

- als Einführung in ein aktuelles Thema aus Ihrem Fachgebiet
- als Einstieg in ein für Sie noch unbekanntes Themenfeld
- als Einblick, um zum Thema mitreden zu können

Die Bücher in elektronischer und gedruckter Form bringen das Fachwissen von Springerautor*innen kompakt zur Darstellung. Sie sind besonders für die Nutzung als eBook auf Tablet-PCs, eBook-Readern und Smartphones geeignet. *Essentials* sind Wissensbausteine aus den Wirtschafts-, Sozial- und Geisteswissenschaften, aus Technik und Naturwissenschaften sowie aus Medizin, Psychologie und Gesundheitsberufen. Von renommierten Autor*innen aller Springer-Verlagsmarken.

Andreas N. Ludwig · Birte Wassenberg

Deutschland im Europarat

Ein Überblick

Andreas N. Ludwig
Internationale Beziehungen, Katholische
Universität Eichstätt-In.
Eichstätt, Bayern, Deutschland

Birte Wassenberg
Sciences Po Strasbourg, Université de
Strasbourg
Strasbourg, France

ISSN 2197-6708 ISSN 2197-6716 (electronic)
essentials
ISBN 978-3-658-50073-3 ISBN 978-3-658-50074-0 (eBook)
https://doi.org/10.1007/978-3-658-50074-0

Die Deutsche Nationalbibliothek verzeichnet diese Publikation in der Deutschen Nationalbibliografie; detaillierte bibliografische Daten sind im Internet über https://portal.dnb.de abrufbar.

Springer VS ist ein Imprint der eingetragenen Gesellschaft Springer Fachmedien Wiesbaden GmbH und ist ein Teil von Springer Nature.
Die Anschrift der Gesellschaft ist: Abraham-Lincoln-Str. 46, 65189 Wiesbaden, Germany

Wenn Sie dieses Produkt entsorgen, geben Sie das Papier bitte zum Recycling.

Was Sie in diesem *essential* finden können

- einen einführenden Überblick über Deutschlands Mitgliedschaft im Europarat, der zweiten großen politischen Integrationsorganisation Europas neben der Europäischen Union (EU)
- eine Skizze der wichtigsten geschichtlichen Entwicklungen der Mitgliedschaft der Bundesrepublik im Europarat seit 1950
- eine Übersicht der gegenwärtigen institutionellen Mitwirkung Deutschlands in den Organen und Gremien des Europarats
- den Stand der Teilhabe Deutschlands an den über 200 völkerrechtlichen Verträgen des Europarats und dessen paneuropäischen Rechtsraum, insbesondere durch die Europäische Menschenrechtskonvention und den Europäischen Gerichtshof für Menschenrechte
- einige Gedanken, warum Deutschland den Europarat heute mehr denn je braucht...

Inhaltsverzeichnis

Über die Autoren

Dr. Andreas N. Ludwig ist Senior Lecturer am Lehrstuhl für Internationale Beziehungen der Katholischen Universität Eichstätt-Ingolstadt (Deutschland) sowie Lektor für globale Beziehungen und Europapolitik an der Fachhochschule Kärnten (Österreich). Europäische Integration und die Europapolitik Deutschlands bilden zwei Schwerpunkte des Politikwissenschaftlers und Historikers in Forschung und Lehre. Er ist Autor verschiedener Publikationen zum Europarat, insbesondere dessen regionaler Dimension.

Prof. Dr. Birte Wassenberg ist Professorin für Internationale Geschichte an Sciences Po Strasbourg, Universität Straßburg (Frankreich) und Direktorin des deutsch-französischen Jean-Monnet Exzellenz-Zentrums. Die Geschichte europäischer Organisationen und Grenzforschung sind Schwerpunkte der Forschung der Geschichtswissenschaftlerin. Sie ist Autorin einer Vielzahl an Publikationen über den Europarat, insbesondere des Standardwerks zu dessen Geschichte.

Der Europarat: Europas Wertegemeinschaft 1

> *Wir müssen die europäische Völkerfamilie in einer regionalen Organisation neu zusammenfassen, die man vielleicht die Vereinigten Staaten von Europa nennen könnte.*
>
> *Der erste praktische Schritt wird die Bildung eines* **Europarats** *sein.*
>
> *(Churchill 1946, 5)*

Nach den Zivilisationskatastrophen zweier Weltkriege, den Erfahrungen mit Diktatur und Völkermord bedeutet Europas Einigung nach 1945 den Wunsch nach einem neuen Miteinander der Staaten und Völker des Kontinents. Die von Winston Churchill am 19. September 1946 an der Universität Zürich gehaltene Rede war ein Aufruf zur Einigung Europas und ein Plädoyer für die Versöhnung der **„europäischen Völkerfamilie"**. (vgl. Wassenberg 2012, 39)

Diese „europäische Idee" war nach dem Zweiten Weltkrieg jedoch nicht neu. Bereits 1848 prägte der französische Schriftsteller Victor Hugo den Begriff „Vereinigte Staaten von Europa", den der ehemalige Premierminister des Vereinigten Königreichs in seiner Züricher Rede wieder aufgriff. Schon im 19. Jahrhundert diskutierten Intellektuelle unterschiedliche Vorstellungen einer europäischen Einigung – kulturell, wirtschaftlich oder politisch, föderal oder zwischenstaatlich. In der Zwischenkriegszeit wurden diese Überlegungen dann politisch konkreter. (vgl. Bitsch 2008, 16–24; Clemens et al. 2008, 49–64) Entsprechend vielfältig waren nach 1945 die Ideen, an die angeknüpft werden konnte. Kiran Klaus Patel hat daher Recht: „Nach 1945 war Europa kein politisches Experiment, sondern ein Experimentierfeld mit vielen Anläufen […]." (2018, 64) Die Gründung der ersten Integrationsorganisationen des Brüsseler Pakts und der Organisation für europäische wirtschaftliche Zusammenarbeit (OEEC) 1948, der NATO und des

© Der/die Autor(en), exklusiv lizenziert an Springer Fachmedien Wiesbaden GmbH, ein Teil von Springer Nature 2025
A. N. Ludwig und B. Wassenberg, *Deutschland im Europarat,* essentials,
https://doi.org/10.1007/978-3-658-50074-0_1

Europarats 1949 sowie der Europäischen Gemeinschaft für Kohle und Stahl (EGKS) 1952 spiegeln diese Vielfalt (vgl. Bitsch 2008, 31–80; Clemens et al. 2008, 49–137).

In diesem *essential* folgen wir daher einem **weiten Begriffsverständnis von Europas Einigung,** wie es heute in der Geschichtsschreibung der europäischen Integration verbreitet ist. Diese umfasst „mehr als die Entstehung und Entwicklung der EU". Die europäische Integrationsgeschichte betrachtet in einem umfassenden Sinn die „verschiedensten Vergemeinschaftungs-, Verflechtungs- und Austauschprozesse in Europa". (Clemens et al. 2008, 15; vgl. Patel 2013) Auch in der politikwissenschaftlichen Europaforschung sind Ansätze erkennbar, die das vorherrschende enge Begriffsverständnis europäischer Integration erweitern. (bspw. Brummer 2008; Gawrich 2014) Werner Weidenfeld definiert Integration beispielsweise ganzheitlich als die „friedliche und freiwillige Annäherung bzw. Zusammenführung von Gesellschaften, Staaten und Volkswirtschaften über bislang bestehende Grenzen hinweg". (2025, 21) Frieden, Sicherheit, Freiheit und Wohlstand für alle sind dabei die geteilten, ambitionierten Ziele der vielfältigen Prozesse europäischer Integration, die zusammengenommen das **Projekt Europa** ausmachen (vgl. Ludwig 2023a).

1.1 Europas Werte und der Europarat

Grundsätzlich setzt die Einigung Europas von Beginn an zweierlei voraus: Zum einen die Einsicht, dass viele politische, wirtschaftliche und gesellschaftliche Herausforderungen nur gemeinsam zu bewältigen sind und eine Zusammenarbeit über bisherige Grenzen hinweg einen Mehrwert für die Staaten Europas sowie vor allem für die europäische Bevölkerung schafft. Damit dies gelingt, bedarf es zum anderen einer gemeinsamen Handlungsgrundlage, die kontinuierlich gepflegt, weiterentwickelt und aktualisiert werden muss. Dabei ging es zunächst um nichts weniger als ein neues Selbstverständnis der von Churchill erwähnten „europäischen Familie". Europa als Ganzes bedurfte und bedarf insofern eines stabilen Fundaments.

Der medial und öffentlich viel beachtete **Europakongress in Den Haag** im Mai 1948 mit Teilnehmenden der Europabewegung aus Politik, Wirtschaft und Zivilgesellschaft aus 28 europäischen Staaten stellte dafür wichtige Weichen. (vgl. Loth 2020, 9–25) Europas neues Miteinander sollte auf dem gemeinsamen Erbe von Demokratie, Menschenrechten und Rechtsstaatlichkeit basieren. Eine

Wertegemeinschaft sollte somit Ausgangspunkt für die Bemühungen europäischer Einigung sein. Aufgrund der Vielfalt der bestehenden Ideen konnten sich die Teilnehmenden des Kongresses allerdings nicht auf eine bestimmte Form einer zu gründenden europäischen Organisation einigen. Die „Föderalisten" befürworteten die Vergemeinschaftung von staatlicher Souveränität auf europäischer Ebene (**supranationale Logik** europäischer Integration, vgl. Weidenfeld 2025, 22). Die „Unionisten" hingegen setzten auf zwischenstaatliche Kooperation (**intergouvernementale Logik,** vgl. ebd.), ohne die Hoheitsrechte der Staaten anzutasten. (vgl. Wassenberg 2012, 47) Entsprechend vage blieb die am Ende des Kongresses verkündete „Botschaft an die Europäer": „Wir wollen ein geeintes Europa."

Nichtsdestotrotz war dieser Appell ein wegweisender Impuls für die europäischen Regierungen, unter britisch-französischer Leitung ab dem Herbst 1948 Verhandlungen zu führen, die zur Gründung des **Europarats** führten. (vgl. Brummer 2008, 21 ff.; Wassenberg 2024a, 12 ff.) Am 5. Mai 1949 unterzeichneten die zehn Gründungsmitglieder (Belgien, Dänemark, Frankreich, Irland, Italien, Luxemburg, die Niederlande, Norwegen, Schweden und das Vereinigte Königreich) mit dem Londoner Vertrag dessen bis heute gültige Satzung (SEV Nr. 001). Der Europarat sollte als politische Dachorganisation, die Einigung des Kontinents durch Kooperation der Staaten nicht nur weiter voranbringen, sondern insbesondere Hüter der ihr zugrunde liegenden Wertegemeinschaft sein (vgl. Wassenberg und Berrod 2025):

> Der Europarat hat die Aufgabe, einen engeren Zusammenschluss unter seinen Mitgliedern zu verwirklichen, um die Ideale und Grundsätze, die ihr gemeinsames Erbe sind, zu schützen und zu fördern und um ihren wirtschaftlichen und sozialen Fortschritt zu begünstigen. (SEV Nr. 001, Art. 1a)

Neben der Vorreiterrolle für das Projekt Europa in den letzten acht Jahrzehnten, bilden Demokratie, Menschenrechte und Rechtsstaat bis heute den Kern der Arbeit der inzwischen paneuropäischen Organisation mit 46 Mitgliedsstaaten und ihres wachsenden Einigungswerks, das einen gemeinsamen Rechtsraum für fast 700 Millionen. Menschen schafft. Dieser fußt auf über 200 völkerrechtlichen Verträgen – mit der Europäischen Menschenrechtskonvention (EMRK) und dem Europäischen Gerichtshof für Menschenrechte (EGMR) im Zentrum. (vgl. Europarat 2025b)

Für Europas Wertegemeinschaft besteht heute jedoch die **Gefahr einer Erosion** der durch die Satzung des Europarats geschützten Grundwerte. Europa wird von zahlreichen inneren und äußeren Krisen erschüttert (Wirtschaft und Währung, Migration, Brexit, Covid19 usw.). Es sieht sich einer **„Polykrise"** gegenüber, der sich nicht nur der Europarat, sondern auch die EU stellen müssen. (vgl. Ludwig 2024a) Russlands Krieg gegen die Ukraine und der damit einhergehende Ausschluss der Russischen Föderation aus dem Europarat im März 2022 (vgl. Ludwig 2022) sowie die neuen „Versuchungen der Unfreiheit" (Ralf Dahrendorf) durch autoritäre und illiberale Tendenzen in den europäischen Gesellschaften zeigen deutlich, wie gefährdet die Errungenschaften der europäischen Einigung sind und wie zerbrechlich deren Grundkonsens ist. Politische und gesellschaftliche Spaltung sind zurück in Europa. Der Mehrwert grenzüberschreitender Lösungen wird durch einen neuen Nationalismus infrage gestellt, während Europas Grundwerte, Demokratie, Menschenrechte und Rechtsstaat, in vielen Staaten unter Druck stehen. Beides bedroht die weitere Einigung und gefährdet erneut fahrlässig das Miteinander der Menschen auf unserem Kontinent.

Der Erfolg – oder das Scheitern – des Europarats ist insofern entscheidend für die Zukunft Europas und seiner vielfältigen Integrationsprozesse. Entsprechend betonte der Gipfel der Staats- und Regierungschefs der 46 Mitgliedsstaaten in Reykjavík im Mai 2023 noch einmal die **Schlüsselrolle des Europarats für Europa als Ganzes:**

> Wir, die Staats- und Regierungschefs Europas, sind zusammengekommen, um unsere Entschlossenheit zum Ausdruck zu bringen, uns auf der Grundlage unserer Werte und gegen den russischen Angriffskrieg gegen die Ukraine zu vereinen, der eine eklatante Verletzung des Völkerrechts und allem, wofür wir stehen, darstellt. Wir haben die gemeinsame Verantwortung, autokratische Tendenzen und wachsende Bedrohungen für Menschenrechte, Demokratie und Rechtsstaatlichkeit zu bekämpfen. Diese Grundwerte sind das Fundament unserer anhaltenden Freiheit, unseres Friedens, unseres Wohlstands und unserer Sicherheit für Europa. (Europarat 2023a, 3)

1.2   Die Deutschen und der Europarat

Schon vor der Gründung der Bundesrepublik Deutschland am 23. Mai 1949 war das Fundament für die europäische Einigung gelegt und bis heute prägende Prozesse waren auf den Weg gebracht. Die Deutschen in den westlichen Besatzungszonen profitierten somit bereits vor der Staatsgründung von den frühen Bemühungen der europäischen Integration, entweder direkt durch die OEEC und die so organisierte Verteilung der Hilfen des Marshall-Plans für den wirtschaftlichen Wiederaufbau (vgl. Clemens et al. 2008, 72 ff.), oder indirekt durch die ersten Schutzeffekte der militärischen Zusammenarbeit der westlichen Besatzungsmächte im Brüsseler Pakt und in der NATO. Die zweistufige **Aufnahme der Bundesrepublik in den Europarat** (Assoziierung am 13. Juli 1950, Vollmitgliedschaft am 2. Mai 1951) war jedoch ihr erster eigener großer Schritt europäischer Integration und damit ein **außenpolitischer Schlüsselmoment.** Nur fünf Jahre nach Ende des Zweiten Weltkriegs und dem Sturz des Nationalsozialismus kehrten die Deutschen (zumindest im Westen) damit offiziell in die „europäische Familie" zurück. Sie bekannten sich zu deren Wertegemeinschaft und wurden Teil des neuen Miteinanders in Europa, an dem sie erstmals nach dem Krieg wieder gleichberechtigt teilhaben konnten. Bundesaußenminister Johann Wadephul betonte in seiner Rede zum Jubiläum des Beitritts entsprechend überschwänglich: „Wir sind stolz und dankbar, dass wir seit 75 Jahren Teil dieser Organisation sein dürfen." (2025)

Der parallele **Beginn der Geschichte der EU,** mit dem Schuman-Plan vom 9. Mai 1950, dessen Vorschläge der teilweisen Vergemeinschaftung staatlicher Hoheitsrechte im Gegensatz zur zwischenstaatlichen Kooperation des Europarats stehen, überschattet in der europapolitischen Erinnerung den Beitritt der Bundesrepublik zum Europarat jedoch fast vollkommen. (vgl. Loth 2020, 34 ff.; Patel 2018, 22–64; Weidenfeld 2025, 69 ff.) Es gab zwar, wie erwähnt, von Beginn an mehrere Wege nach Europa. In den 1950er und 1960er Jahren konnte der Europarat seine zentrale Rolle als Dachorganisation europäischer Einigung tatsächlich auch ausfüllen. Doch die Bundesrepublik war eben nicht Gründungsmitglied des Europarats – anders als bei der EGKS, wo sie durch die bundesdeutsch-französische Partnerschaft sogar eine zentrale Stellung einnahm (vgl. Gareis 2021, 61).

Es ist daher nicht verwunderlich, dass die deutsche Erinnerungspolitik mehr die EU und ihre Vorläufer als den Europarat in den Vordergrund stellt. Zudem kommt hinzu, dass sich insgesamt ab den 1970er Jahren, vor allem nach dem Beitritt des Vereinigten Königreichs zu den Europäischen Gemeinschaften (EG), das politische Momentum zunehmend in Richtung der heutigen EU verschob. (vgl. Wassenberg 2024a, 11–108) In diesem Zuge verbreitete sich in deren Mitgliedsstaaten (aber auch darüber hinaus) eine im Laufe der Zeit stärker werdende **Verengung der europäischen Perspektive.** (vgl. Patel 2018, 44 ff.; 2020) Deutsche „Europapolitik" und die Teilhabe der Deutschen an der europäischen Einigung wurden in der Folge zumeist auf die Prozesse der Integration in Form der EU unsachgemäß reduziert. Entsprechend genießt der Europarat in Deutschland heute kein mit der EU (oder auch der NATO) nur annähernd vergleichbares politisches, mediales und öffentliches Interesse.

Vor diesem Hintergrund greifen wir das 75-jährige Jubiläum des Beitritts der Bundesrepublik Deutschland zum Europarat auf. In diesem *essential* erzählen wir einerseits die Geschichte der deutschen Mitgliedschaft im Europarat in knapper Form. Andererseits beleuchten wir die derzeitige Teilhabe der Bundesrepublik am politischen Mehrebenensystem des Europarats und an seinem paneuropäischen Rechtsraum. Mit diesem interdisziplinären Aufschlag möchten wir einen Beitrag zur weiteren **Perspektivenöffnung** im wissenschaftlichen und vor allem gesellschaftlichen Nachdenken über Europa angesichts seiner aktuellen Herausforderungen leisten. Es soll dem komplexen Gegenstand der Prozesse europäischer Einigung gerecht werden. (vgl. Ludwig 2023b) Eine Stärkung des **Bewusstseins für und des Wissens über die Arbeit des Europarats** und seine zentrale Rolle für die Menschen in Deutschland ist unseres Erachtens dafür ein wichtiger Baustein.

75 Jahre Deutschland im Europarat

2

> *Es bedeutet viel für die politische Entwicklung Europas, dass wir hier in den Organen des Europarats eine Plattform haben, auf der sich die Repräsentanten Europas regelmäßig begegnen, ihre Sorgen und Nöte, ihre Wünsche und Hoffnungen austauschen, gemeinsame Kriterien für die Bewertung ihrer Bedürfnisse zu entwickeln versuchen und überhaupt in einem Geiste der Fairness und der guten Nachbarschaft zusammenarbeiten*
>
> *– mit anderen Worten: Wir haben hier das **europäische Gewissen.***
>
> *(Adenauer 1951)*

Der Europarat mit Sitz im französischen Straßburg (vgl. SEV Nr. 001, Art. 11) ist für Deutschland eine der zentralen europäischen Integrationsorganisationen. Der Beitritt vor 75 Jahren war für die Bundesrepublik wegweisend, da die Bundesregierung unter Konrad Adenauer beweisen wollte, dass sich der neue westdeutsche Teilstaat in die „europäische Familie" eingliedern konnte, die auf dem einleitend beschriebenen neuen Miteinander der Staaten und Völker Europas beruhte. In diesem Kapitel soll zunächst die Geschichte der deutschen Mitgliedschaft im Europarat, basierend auf umfangreichen eigenen Vorarbeiten zur historischen Entwicklung der Straßburger Organisation, in knapper Form erzählt werden. Da die Bundesrepublik kein Gründungsmitglied des Europarats gewesen ist, beginnt diese zunächst mit dem Beitrittsprozess.

© Der/die Autor(en), exklusiv lizenziert an Springer Fachmedien Wiesbaden GmbH, ein Teil von Springer Nature 2025
A. N. Ludwig und B. Wassenberg, *Deutschland im Europarat,* essentials,
https://doi.org/10.1007/978-3-658-50074-0_2

2.1   Erste Schritte: Assoziierung und Vollmitgliedschaft

Genau wie Winston Churchill (vgl. 1946, 4) hatte auch der französische Außenminister Robert Schuman die Notwendigkeit erkannt, die Deutschen in die „europäische Familie" und damit in den Europarat zu integrieren. Am Ende der Londoner Konferenz der Westmächte im Januar 1949, die die Gründung der Bundesrepublik vorbereitete, erklärte er, Frankreich werde die Idee eines Beitritts Deutschlands zum Europarat unterstützen. (vgl. Wassenberg 2012, 73) Zwei Herausforderungen galt es vor einer Aufnahme zu lösen: Erstens musste der neue deutsche Staat überhaupt geschaffen werden. Am 23. Mai 1949 wurde dafür mit der Verabschiedung des Grundgesetzes die Bundesrepublik Deutschland gegründet, am 14. August fanden die ersten Bundestagswahlen statt und am 15. September wurde Konrad Adenauer zum ersten Bundeskanzler gewählt. Doch die junge Republik blieb unter der Aufsicht der westlichen Besatzungsmächte, der Vereinigten Staaten von Amerika (USA), des Vereinigten Königreichs und Frankreichs, und erlangte in außenpolitischen Fragen 1949 nicht die volle Souveränität (vgl. Gareis 2021, 59 f.). Es stellte sich somit die Frage nach dem möglichen Status Westdeutschlands im Europarat. (vgl. Hell 1991, 27 f.) Um hier vorzubeugen, hatten die zehn Gründungsstaaten des Europarats Vorkehrungen getroffen (vgl. SEV Nr. 001, Art. 5), die es ermöglichten, Deutschland zunächst als **assoziiertes Mitglied** zu beteiligen.

Die zweite Herausforderung betraf das Saarland, das seit 1947 französisches Protektorat war. Es verfügte über eine eigene Verfassung und eine Regierung, die von einem französischen Hohen Kommissar kontrolliert wurde. Insofern blieb auch zu klären, ob das Saarland gleichzeitig mit dem neuen westdeutschen Staat Mitglied des Europarats werden konnte (vgl. Wassenberg 2024b).

Am 12. August 1949, während der ersten Sitzung der Beratenden (seit 1974 Parlamentarischen) Versammlung des Europarats, war es erneut Winston Churchill, der – konform seiner Haltung zu Deutschland allgemein in diesen Jahren (vgl. Ludwig 2020, Abschn. 4.1 und 4.2) – die sofortige Aufnahme der Bundesrepublik forderte. (vgl. Wassenberg 2012, 71) Nicht alle Mitglieder waren seiner Meinung und verlangten, die Frage des Beitritts Deutschlands nochmals zu prüfen. Bei der neuerlichen Diskussion im Ministerkomitee am 4. November 1949 befürwortete dieses eine schnelle Aufnahme. Gewisse Probleme durch die fortdauernde Besatzung mussten allerdings noch gelöst werden und feststand, dass Westdeutschland dem Europarat zunächst nicht als Vollmitglied beitreten konnte (vgl. Wassenberg 2024b).

Das Aufnahmeverfahren Deutschlands in den Europarat schritt dann trotz französischer Bedenken rasch voran. Bei einem Treffen der Außenminister der Westmächte am 9. und 10. November 1949 in Paris beschlossen diese, dass die Bundesrepublik einen Antrag auf Einladung als assoziiertes Mitglied stellen sollte. Doch der neue Bundeskanzler Konrad Adenauer folgte den Vorstellungen der Alliierten nicht bedingungslos: Er betonte, dass die Bundesregierung eine Beteiligung des Saarlands am Europarat nur vorbehaltlich der Regelung durch einen Friedensvertrag mit Deutschland akzeptieren würde. Darüber hinaus forderte Adenauer Beobachterstatus im Ministerkomitee und verlangte, dass Deutschland so bald als möglich Vollmitglied würde. (vgl. Hell 1991, 65) Hintergrund dieser Forderung war, dass der Status eines assoziierten Mitglieds zwar laut Satzung die gleichen Rechte in der Beratenden Versammlung einräumte, aber grundsätzlich kein Recht auf einen Sitz im Ministerkomitee gewährte. (vgl. SEV Nr. 001, Art. 5a) Trotz ungebrochener französischer Skepsis beschloss das Ministerkomitee dennoch am 30. März 1950, den ersten Generalsekretär des Europarats, Jacques Camille Paris, zu beauftragen, gleichzeitig eine offizielle Einladung an die Bundesrepublik und das Saarland zu versenden (vgl. CM/Res(1950)4).

Der **Bundestag** stimmte bereits am 15. Juni 1950 über den Beitritt ab. Das Votum in Bonn war aufgrund der Saarfrage besonders heikel. Letztlich setzten sich die Befürworterinnen und Befürworter eines Beitritts zum Europarat in dritter Lesung gegen den Widerstand der SPD durch – mit 220 gegen 159 Stimmen. (vgl. Deutscher Bundestag 1950, 2513) Das Ministerkomitee des Europarats stimmte in der Folge dem Antrag Adenauers auf Teilnahme Westdeutschlands als Beobachter an seinen Sitzungen zu. Ab dem 5. August 1950 nahmen somit die ersten bundesdeutschen Vertreter an dessen Treffen teil.

Die Bundesrepublik blieb jedoch nicht lange assoziiertes Mitglied. Nach der Revision des Besatzungsstatuts am 6. März 1951, die es ihr ermöglichte, mit dem Auswärtigen Amt wieder ein Außenministerium einzurichten und diplomatische Vertreter auszutauschen, wandte sich Adenauer erneut an den Generalsekretär des Europarats und warb für eine **Vollmitgliedschaft** Westdeutschlands. (vgl. Wassenberg 2024b) Am 16. März erklärten die Außenminister der Mitgliedsstaaten in Paris ihr grundsätzliches Einverständnis und beschlossen am 2. Mai 1951, die Aufnahme der Bundesrepublik Deutschland als ordentliches Mitglied des Europarats (vgl. CM/Res(1951)15).

Die **Saarfrage** blieb indes bis zur Eingliederung des Saarlands in die Bundesrepublik im Januar 1957 ein heikler Diskussionspunkt im Europarat. In verschiedenen Arbeitsgruppen wurden mögliche Lösungen debattiert, unter anderem die eines europäischen Distrikts für die Ansiedlung europäischer Integrationsorganisationen. (vgl. Brouwer 1997, 300–304) Die Saarfrage war nicht zuletzt auch dafür verantwortlich, dass im Europarat 1954 die heutige **Europaflagge** mit zwölf Sternen, als Symbol europäischer Identität verabschiedet wurde: Im Rahmen der dafür eingesetzten Arbeitsgruppe war ursprünglich vorgesehen, wie auf der US-amerikanischen Fahne, so viele Sterne wie Mitgliedsstaaten im Europarat vorzusehen – damals wären es 14 Sterne gewesen. Das Saarland, als assoziiertes Mitglied, bestand jedoch darauf, ebenfalls einen Stern zu erhalten, was die Bundesrepublik vehement ablehnte. So hat man sich auf die symbolische Zahl der zwölf Sterne verständigt, die noch heute auf der Europaflagge zu sehen ist. (vgl. Wassenberg 2024b) Sie wird seit 1985 nicht nur vom Europarat, sondern auch den EG bzw. der EU verwendet und ist damit das „gemeinsame Symbol für den Aufbau Europas, unabhängig von der Zugehörigkeit zu einer bestimmten Institution." (Europarat 2024, 3)

2.2   Bekenntnis Deutschlands zu Europas Wertegemeinschaft

Der wichtigste Vorteil der Mitgliedschaft der Bundesrepublik im Europarat war von Anfang an die hier gleichberechtigte Mitwirkung an der europäischen Zusammenarbeit und den daraus resultierenden Europaratsverträgen oder Konventionen, die dessen Kerngeschäft darstellen. Vor allem die Unterzeichnung der Europäischen Menschenrechtskonvention (EMRK) (SEV Nr. 005) am 4. November 1950, als einer der ersten Mitgliedsstaaten des Europarats, zeigte schon kurz nach dem Beitritt, dass die junge Bundesrepublik sich verpflichtete, Menschenrechte nicht nur der Form halber zu achten, sondern sich vielmehr einer Kontrolle des Europarats – des „europäischen Gewissens" in Adenauers Worten – zu unterwerfen. Aber auch andere Europaratsverträge waren für die **Eingliederung Deutschlands in Europas Wertegemeinschaft** wichtig. (Zum aktuellen Stand der deutschen Teilhabe am gemeinsamen Rechtsraum des Europarats siehe Abschn. 3.3) Beispiele sind in den ersten Jahren etwa die Europäische Kulturkonvention von 1954 (SEV Nr. 018), die Deutschland bereits im November 1955 ratifizierte und die sich mit der europäischen Kultur und Identität befasst, sowie die Europäische Sozialcharta zum Schutz wirtschaftlicher und sozialer Rechte (SEV Nr. 035), die hier seit 1965 galt. Die Bundesrepublik engagierte sich ferner von Beginn an für neue Institutionen des Europarats, wie die Entwicklungsbank oder die Konferenz der Gemeinden und später Regionen (vgl. Ludwig 2024b, 437 ff.), sowie für Projekte wie etwa das Europäische Arzneibuch zur Harmonisierung der Rechtsvorschriften über die Herstellung und den Vertrieb von Arzneimitteln 1964 oder das Europäische Jugendzentrum 1972. (vgl. Wassenberg 2024a, 67 ff.) Für

Westdeutschland bot die Beteiligung an der Arbeit des Europarats damit vielfältig die Möglichkeit, sich nach Militarismus, Nationalsozialismus und zwei Kriegen wieder als vertrauenswürdiger Partner in der europäischen Völkergemeinschaft zu beweisen.

Bis in die 1970er Jahren schien dies in der Tat gelungen zu sein. Es war daher symbolisch für die Bundesrepublik wichtig, als der Europarat den letzten Satz aus der Neunten Symphonie des deutschen Komponisten Ludwig van Beethoven als **„Europahymne"** auswählte. Allerdings gab es auch andere Vorschläge, wie etwa Georg Friedrich Händels Feuerwerksmusik. (vgl. Gialdino 2005, 183) Die zuständige Kommission entschied sich schließlich für Beethovens Stück, über den dazugehörigen Text von Friedrich Schiller, „Ode an die Freude", bestand aber keine Einigkeit. Einige Mitglieder waren der Meinung, dass der Liedtext nicht dem zeitgenössischen Empfinden angepasst war und das Bewusstsein für eine europäische Identität nicht schärfte. Die Hymne wurde von der Versammlung des Europarats 1971 trotzdem angenommen, die formale Zustimmung des Ministerkomitees erfolgte jedoch erst Anfang 1972. (vgl. Wassenberg 2024a, 72) Die offizielle Version der Europahymne, die allein auf der Melodie basiert, ohne Bezug auf Schillers Text, wurde dann vom österreichischen Dirigenten Herbert von Karajan und den Berliner Philharmonikern im Februar und März 1972 eingespielt. Auch sie wird seit 1985 von Europarat und EU gemeinsam verwendet (vgl. Europarat 2024, 3).

2.3   Der Europarat und die „Deutsche Frage"

Die schnelle Eingliederung in den Europarat ermöglichte es den Westdeutschen auch, an Debatten zu wichtigen geopolitischen Fragen in Europa teilzunehmen. So wurde etwa die Idee einer europäischen Armee schon im Sommer 1950 von Winston Churchill im Europarat aufgeworfen und damit die Frage nach der **Wiederbewaffnung Westdeutschlands.** (vgl. Wassenberg 2012, 63) Zwar war die 1952 vorgeschlagene Europäische Verteidigungsgemeinschaft (EVG) eine Initiative der sechs Gründungsstaaten der EGKS, sie wurde aber intensiv auch im Europarat debattiert – vor allem nach ihrem Scheitern in der französischen Nationalversammlung im August 1954. Dies hatte zur Folge, dass die Bundesrepublik auf britischen Vorschlag nun in die NATO integriert werden sollte: eine Idee, die nicht von allen Mitgliedsstaaten des Europarats befürwortet wurde (vgl. Ludwig 2020, 219 ff.; Wassenberg 2010, 45).

Insgesamt blieb die „Deutsche Frage" noch längere Zeit im Mittelpunkt der Diskussionen in Straßburg. Nach den für die Bundesrepublik außenpolitisch so wichtigen **Pariser Verträgen** vom 23. Oktober 1954 (vgl. Gareis 2021, 64), welche Westdeutschland die weitgehende Souveränität, die Wiederbewaffnung im Rahmen der NATO sowie die Klärung der Saarfrage brachten, trat die Beratende Versammlung im Dezember 1954 zusammen, um auf der Grundlage zweier Berichte über diese Entwicklungen zu beraten. Insbesondere ihr Präsident, der Franzose Guy Mollet, unterstützte die Pariser Verträge und forderte deren rasche Ratifizierung. Nach deren Inkrafttreten am 5. Mai 1955 – just am Gründungstag des Europarats – betonte wiederum der britische Außenminister Harold Macmillan in einer Rede im Juli, dass der Beitrag, den die Debatten in der Versammlung zur Ratifizierung dieser Abkommen geleistet hätten, nicht hoch genug eingeschätzt werden könnte (vgl. Wassenberg 2012, 95).

Im Herbst 1955 standen dann die Verhandlungen der Siegermächte in Genf über eine mögliche Wiedervereinigung Deutschlands und die europäische Sicherheit allgemein auf der Tagesordnung in Straßburg. Eine Resolution der Beratenden Versammlung sprach sich ausdrücklich für die **deutsche Einheit** aus. Sie wurde den britischen und französischen Außenministern übermittelt, um deren Verhandlungsposition auf der Genfer Konferenz zu stärken. (vgl. ebd.) Das Ministerkomitee schloss sich im Dezember 1955 mit einer ähnlichen Verlautbarung an. (vgl. CM/Res(1955)35) Dieses Engagement des Europarats für die deutsche Einheit war aus Sicht der Bundesrepublik sehr bedeutsam, wie Bundesaußenminister Heinrich von Brentano (CDU) in einer Rede vor der Versammlung am 18. April 1956 betonte: „Nur ein geeintes Deutschland kann Sicherheit und Frieden gewährleisten." (Europarat 1997, 51)

Ebenso wichtig war die Unterstützung des Europarats bei der schwierigen Lage in **Berlin,** das seit 1945 unter der Verwaltung der Siegermächte stand. Im Europarat erschien Berlin als politischer Außenposten des Westens: Es war der Ort, an dem die Lebensweise freier Staaten und Gesellschaften ständig bekräftigt wurde. Es war zugleich der Fluchtweg für mehr als zwei Millionen Menschen, die seit 1949 aus der DDR geflohen waren. (vgl. Kissel 1991, 22) In einer Rede am 20. Januar 1959 zögerte Bundesaußenminister von Brentano daher nicht, die Versammlung noch einmal auf die Bedeutung Berlins hinzuweisen. Er unterstrich eindringlich, dass der freie Teil der deutschen Hauptstadt für die Freiheit aller stehe, die Rechtsstaatlichkeit und Demokratie beanspruchten. Im Anschluss stimmten die Abgeordneten einstimmig für eine Resolution, die deutlich an die Verpflichtungen der Sowjetunion gegenüber Berlin erinnerte. Mit der Resolution empfahl die Versammlung dem Westen außerdem, so bald wie möglich Verhandlungen über das gesamte deutsche Problem aufzunehmen (vgl. Wassenberg 2012, 196).

Tatsächlich schlugen die Westalliierten am 16. Februar 1959 vor, eine weitere Konferenz der Außenminister der Siegermächte in Genf einzuberufen um die Deutsche Frage in all ihren Aspekten zu behandeln, was Moskau akzeptierte. Die Versammlung des Europarats sah sich daher in ihrer Haltung bestärkt und plädierte im April 1959 dafür, dass sich die Westmächte nicht aus Berlin „verdrängen" lassen dürften. Allerdings zeigten sich bald die Grenzen des Einflusses des Europarats. Nach dem Scheitern der Genfer Verhandlungen 1960 verschärfte sich die Lage in Berlin weiter und führte schließlich im August 1961 zum Bau der Berliner Mauer. Die Beratende Versammlung musste sich eingestehen, dass Fragen im Zusammenhang mit dem Kalten Krieg über ihren legitimen Zuständigkeitsbereich hinausgingen. (vgl. ebd., 198 f.) Die europäische Unterstützung für die Deutschen und deren Einheit in Freiheit, die hier kontinuierlich deutlich wurde, ist dadurch freilich für die Geschichte Deutschlands im Europarat nicht weniger bedeutsam.

2.4 Annäherung an Mittel- und Osteuropa

Als sich in den 1960er Jahren eine Entspannung zwischen Ost und West abzeichnete, wurde auch im Europarat für ein neues Verhältnis zu Osteuropa geworben. Bei der Vorstellung des Arbeitsprogramms der Straßburger Organisation vor der Versammlung am 4. Mai 1965 betonte Generalsekretär Peter Smithers, dass der Europarat die Zusammenarbeit mit Nichtmitgliedsstaaten in den Bereichen Soziales, Bildung, Kultur und anderen technischen Bereichen fördern sollte, wann immer eine solche Zusammenarbeit gegenseitig gewünscht werde. (vgl. Wassenberg 2012, 201 f.) Es ging also darum, über multilaterale Zusammenarbeit nachzudenken, die auch den Erwartungen der Ostblockstaaten entsprechen könnte, die vor allem die Wirtschaftsbeziehungen mit Westeuropa ausbauen wollten. Schließlich ging die Versammlung so weit, 1968 einen Bericht vorzulegen, der darauf abzielte, die Satzung des Europarats so zu überarbeiten, dass die Aufnahme von Ostblockstaaten sowie die Entsendung kommunistischer Vertreter aus den Parlamenten der Mitgliedsstaaten in die Beratende Versammlung ermöglicht würde (vgl. Haller 2006, 166).

Für Deutschland war diese **Öffnung nach Osteuropa** als Begleitmaßnahme seiner als „Neue Ostpolitik" bezeichneten außenpolitischen Neuorientierung besonders wichtig. Schon Anfang 1967 trat Bundesaußenminister Willy Brandt (SPD) daher mit genau diesem Anliegen vor die Versammlung und plädierte für Entspannungspolitik. Die wurde zunächst von der Regierung der Großen Koalition unter Kurt Georg Kiesinger (CDU) seit 1966 vorangetrieben und danach unter Ägide der sozialliberalen Koalition unter Führung Willy Brandts mit den Ostverträgen konkretisiert. (vgl. Gareis 2021, 66–70) Der Europarat stellte dabei für die Bundesrepublik ein wichtiges unterstützendes Forum für ihren neuen Ansatz in der Ostpolitik dar.

Die erste konkrete politische Initiative des Europarats zur Annäherung West- und Osteuropas wurde jedoch erst Ende 1984 gemeinsam von Bundesaußenminister Hans-Dietrich Genscher (FDP) und dem damaligen Generalsekretär Marcelino Oreja Aguirre ergriffen. (vgl. Haller 2006, 200) Für die Bundesrepublik war diese wiederum Teil der Bemühungen, die europäische Entspannungspolitik auch in einer Zeit des neuerlich aufflammenden Kalten Kriegs aufrechtzuerhalten. Die ersten Annäherungsschritte des Europarats wurden in der Folge mit Jugoslawien, Ungarn, der Tschechoslowakei und Polen unternommen. Dies galt jedoch nur eingeschränkt für die **DDR,** die erst nach dem Mauerfall im Rahmen ihrer demokratischen Transition stärker die Annäherung an den Europarat suchte und im Mai 1990 schließlich Gaststatus in der Parlamentarischen Versammlung erhielt.

Bis zum Ende des Ost-West-Konflikts setzte sich die Bundesrepublik immer wieder für die Öffnung des Europarats nach Osten ein. Die Jahre 1988/89 waren entscheidend für die Verwirklichung seiner seit jeher angestrebten paneuropäischen Ausrichtung. (vgl. SEV Nr. 001, Art. 4) Deutschland unterstützte dabei sowohl die ersten Initiativen der Französin Catherine Lalumière, die als Parlamentarierin in der Versammlung im Oktober 1988 für eine intensivere Ost-West-Kooperation plädierte, wie auch ihre „Strategie der Öffnung", die sie ab Juni 1989 als erste Generalsekretärin des Europarats durch etliche Besuche in Mittel- und Osteuropa fortführte. (vgl. Haller 2006, 213) Bestärkt durch die Rede Michail Gorbatschows vor der Parlamentarischen Versammlung am 6. Juli 1989 zur Schaffung eines **„gemeinsamen europäischen Hauses"** (1989), befürwortete die Bundesrepublik dann auch die schnelle Erweiterung des Europarats. Deutschland selbst bildete hier einen Sonderfall: Mit der deutschen Einheit am 3. Oktober 1990 gehörten die fünf ostdeutschen Länder, nun als Teil der Bundesrepublik, ohne weiteres Aufnahmeverfahren automatisch zum Europarat. (vgl. Wassenberg 2012, 410) Ab diesem Zeitpunkt zählten alle Deutschen als gleichberechtigte Mitglieder zur europäischen Wertegemeinschaft.

2.5   Der Europarat und das vereinte Deutschland

Nach Ende des Kalten Kriegs nahm der Europarat eine **Pionierfunktion bei der Zusammenführung der „europäischen Familie"** ein. Es wurde dabei schnell deutlich, dass trotz des Enthusiasmus, den Europarat von insgesamt 23 Mitgliedsstaaten 1989 auf 47 im Jahr 2007 zu paneuropäisieren, Maßnahmen getroffen werden mussten, um die in der Satzung verankerte Wertegemeinschaft zu schützen. Hierfür war die Fortsetzung der inhaltlichen wie institutionellen Weiterentwicklung des Mehrebenensystems des Europarats angezeigt. (vgl. Wassenberg 2018, 284–290) Deutschland beteiligte sich dabei zunächst an der Einrichtung der Venedig-Kommission 1990, die den Übergang der vormaligen Ostblockstaaten zum Rechtsstaat begleiten sollte. (vgl. Rülke 2003) Die Bundesregierung setzte sich dann auf dem ersten Gipfeltreffen der Staats- und Regierungschefs in Wien im Oktober 1993 einerseits für den Kongress der Gemeinden und Regionen (KGRE) als vollwertiger Institution des Europarats zur Stärkung der lokalen und regionalen Demokratie ein. Andererseits sprach sie sich für die Schaffung eines Monitoring-Verfahrens zur Überwachung der Verpflichtungen der neuen Mitgliedsstaaten nach dem Beitritt zum Europarat aus (vgl. Wassenberg 2024b).

Trotz dieser Reformen gab es im Rahmen des raschen Erweiterungsprozesses eine grundlegende Debatte über die Frage, ob sich die Straßburger Organisation nun schnellstmöglich erweitern sollte oder ob sie nicht vielmehr darauf achten müsste, einen gewissen Standard an europäischen Werten zu gewährleisten. Sie wurde durch den Beitrittsantrag Russlands und die darauffolgenden Verhandlungen inmitten des Tschetschenienkriegs ausgelöst. (vgl. Brummer 2022, 453 f.) Zwei Positionen standen sich gegenüber: die Verfechter des Europarats als „**Club der Demokratie**" und diejenigen, die den Europarat als „**Schule der Demokratie**" verstanden. (vgl. Verdier 1997) Deutschland gehörte zu den Befürwortern der „Schule de Demokratie", die der raschen Aufnahme Russlands in den Europarat eher positiv gegenüberstand. Dabei setzte sich die Bundesrepublik jedoch zugleich für die Schaffung von Hilfsmitteln ein, die Rechtsstaatlichkeit, Demokratie und Menschenrechte fördern sollten, sodass die neuen Mitglieder „lernen" und zu guten „Schülern" der Wertegemeinschaft werden konnten. Daher hat Deutschland auch insbesondere die Reformen der EMRK dieser Zeit unterstützt, wie deren 11. Zusatzprotokoll 1994 (SEV Nr. 155), das es ermöglichte, den Gerichtshof für Menschenrechte (EGMR) ab 1998 als ständige Institution in Straßburg einzurichten (vgl. Bates 2010, 479).

Um den neuen Herausforderungen Europas zu begegnen (bspw. die Jugoslawien-Kriege und ihre Folgen), förderte Deutschland ferner zum einen neue Europaratsverträge, wie das Rahmenübereinkommen zum Schutz von Minderheiten 1995 (SEV Nr. 157). Nach den Terroranschlägen 2001 in den USA folgte dann die Entwicklung zweier Konventionen 2003 und 2005 zur Prävention von transnationalem Terrorismus (SEV Nr. 190 und Nr. 196) sowie eine Konvention zur Bekämpfung des Menschenhandels 2005 (SEV Nr. 197). Der Einsatz Deutschlands für einen **strikteren Schutz gegen Menschenrechtsverletzungen,** oder für das „europäische Gewissen", wurde danach durch das Engagement der Bundesregierung für die Konvention zum Schutz von Kindern vor sexueller Ausbeutung und sexuellem Missbrauch 2007 (SEV Nr. 201), das Übereinkommen zur Bekämpfung von Gewalt gegen Frauen und häuslicher Gewalt 2011 (SEV Nr. 210) – besser bekannt als Istanbul-Konvention – sowie die Konvention gegen den Handel mit menschlichen Organen im Jahr 2015 (SEV Nr. 216) sichtbar.

Von November 2020 bis Mai 2021 hatte Deutschland dann den **Vorsitz im Ministerkomitee** des Europarats inne. (siehe Abschn. 3.2.1) Dieser stellte aufgrund der parallelen EU-Ratspräsidentschaft und der Covid19-Pandemie eine besondere Herausforderung dar. Gleichzeitig war er durch den 70. Jahrestag der deutschen Vollmitgliedschaft und den Jubiläen der EMRK sowie der Istanbul-Konvention symbolisch bedeutsam. Die Bundesregierung setzte drei Prioritäten (vgl. CM/Inf(2020)23):

- Menschenrechte, Demokratie und Rechtsstaatlichkeit: Fokus auf die Umsetzung von EGMR-Urteilen und den EU-Beitritt zur EMRK.
- Zukunft gestalten: Themenschwerpunkte waren Künstliche Intelligenz in Verbindung mit Menschenrechten sowie der Kampf gegen Hassrede.
- Bürgernähe: Der Europarat sollte sichtbarer werden, insbesondere in Bezug auf Jugendliche und Minderheiten.

Trotz schwieriger Rahmenbedingungen konnte der deutsche Vorsitz einen europäischen Mehrwert schaffen – etwa durch fünf Konferenzen und Impulse zur Weiterentwicklung des Menschenrechtsschutzes. (vgl. Fuchs 2021, 31 f.) Zudem wurden konkrete Beschlüsse zur demokratischen Sicherheit und zu künftigen Standards für Künstliche Intelligenz und Menschenrechte (vgl. SEV Nr. 225) auf den Weg gebracht (vgl. Berg 2023, 155).

Zum anderen engagierte sich die Bundesrepublik in den letzten beiden Jahrzehnten konsequent für die **Zusammenarbeit des Europarats mit der EU.** Als Mitglied beider Integrationsorganisationen ist es für Deutschland wichtig, dass Komplementarität und Kooperation deren Beziehungen bestimmen, anstelle von Konkurrenz und Doppelarbeit. (vgl. Brummer und Wassenberg 2024, 386 f.) Beim dritten Gipfeltreffen der Staats- und Regierungschefs des Europarats in Warschau im Mai 2005 wurde der Weg zu einer neuen Form der Zusammenarbeit frei gemacht. Die Bundesregierung unterstützte dort die Beauftragung des damaligen luxemburgischen Premierministers, Jean-Claude Juncker, einen Vorschlag für eine bessere Partnerschaft zwischen dem Europarat und der EU zu erarbeiten. Sein Bericht bildete den Auftakt schwieriger Verhandlungen zwischen den Organisationen, die am 23. Mai 2007 zur Verabschiedung eines *Memorandum of*

Understanding führten. Dieses bildet noch heute die Basis für deren Kooperation. Die Grundlage ist eine **„strategische Partnerschaft",** die auf drei Säulen basiert: der politischen, der rechtlichen und der technischen Zusammenarbeit. (vgl. ebd., 397 ff.)

Deutschland bemüht sich seither, in allen drei Bereichen, die Kooperation von Europarat und EU voranzubringen. In erster Linie geht es dabei seit Längerem um den Beitritt der EU zur EMRK, die schon im Lissaboner Vertrag der EU von 2009 vorgesehen war, jedoch 2014 vom Gerichtshof der EU in Luxemburg zunächst abgelehnt worden ist. Mittlerweile wird sie neu verhandelt. (vgl. Wassenberg 2024a, 158) Dazu betonte Bundeskanzlerin Angela Merkel in einer Rede vor der Parlamentarischen Versammlung im Rahmen des deutschen Vorsitzes am 20. April 2021:

> Es ist wichtig, dass der Europarat und die Europäische Union in Fragen fundamentaler Werte und Grundrechte wirksam zusammenarbeiten. Daher freut es mich, dass die Verhandlungen über den Beitritt der EU zur Europäischen Menschenrechtskonvention während der deutschen EU-Ratspräsidentschaft wieder aufgenommen wurden und nun vorangetrieben werden. Ein Beitritt würde eine Lücke im europäischen Menschenrechtsschutzsystem schließen [...]. (Merkel 2021)

Eine erfolgreiche Zusammenarbeit zwischen Europarat und EU erscheint für Deutschland im Kontext der zunehmenden Infragestellung der europäischen Grundwerte immer wichtiger, zumal nach dem russischen Angriffskrieg gegen die Ukraine auch die Bundesrepublik am 16. März 2022 dem Ausschluss Russlands aus dem Europarat ausdrücklich zugestimmt hat. Bundeskanzler Olaf Scholz fasste die deutsche Position in dieser Frage beim vierten Gipfel der Staats- und Regierungschefs in Reykjavík im Mai 2023 wie folgt zusammen:

> Am 24. Februar vergangenen Jahres hat Russland die Ukraine überfallen, um Territorium zu erobern und Grenzen mit Gewalt zu verschieben. Deshalb war es richtig, ja vollkommen unumgänglich, Russland aus dem Europarat auszuschließen. [...] Und um auch das klar zu sagen: Dass sich in Russland antidemokratische, autoritäre Entwicklungen durchsetzen konnten, spricht nicht gegen den Europarat, sondern dafür, dass wir unsere gemeinsamen Regeln künftig noch ernster nehmen, dass wir sie als Frühwarnsystem für den Friedenserhalt in Europa verstehen. (Scholz 2023, 2)

Der Europarat bleibt somit bis in die Gegenwart für Deutschland als „europäisches Gewissen" entscheidend, um die Wertegemeinschaft der „europäischen Familie" zu verteidigen. (vgl. Wassenberg 2024b)

Deutschland im Europarat heute 3

> *Deutschland arbeitet auf allen Ebenen intensiv im Europarat mit und tritt für die weitere Stärkung der Organisation ein.*
>
> *(Auswärtiges Amt 2025)*

Mit der Vollmitgliedschaft am 2. Mai 1951 wurde die Bundesrepublik Deutschland gleichberechtigtes Mitglied des Europarats. Wie im vorherigen Kapitel skizziert, war die Teilhabe an den Prozessen der europäischen Integration des Europarats in den letzten acht Jahrzehnten ein wichtiger Bestandteil der bundesdeutschen Europa- und Menschenrechtspolitik. Bis heute arbeitet Deutschland „auf allen Ebenen intensiv im Europarat mit und tritt für die weitere Stärkung der Organisation ein", so das Auswärtige Amt (2025). Entsprechend versprach Bundesaußenminister Johann Wadephul bei der Jubiläumskonferenz aus Anlass des 75. Jahrestags des Beitritts der Bundesrepublik zum Europarat, dass Deutschland auch künftig „alle Bemühungen zur Förderung von Demokratie, Menschenrechten und Rechtsstaatlichkeit unterstützen [werde] – in Europa und darüber hinaus" (2025).

Gegenstand dieses Kapitels ist vor diesem Hintergrund die gegenwärtige deutsche Mitwirkung am politischen System des Europarats und die Teilhabe der Bundesrepublik am gemeinsamen Rechtsraum der paneuropäischen Organisation, insbesondere des Menschenrechtsschutzsystems der Europäischen Menschenrechtskonvention (EMRK).

A. N. Ludwig und B. Wassenberg, *Deutschland im Europarat,* essentials, https://doi.org/10.1007/978-3-658-50074-0_3

3.1   Das politische System des Europarats

Im Unterschied zum Brüsseler Pakt, der OEEC und der NATO war der Europarat von Beginn an keine klassische zwischenstaatliche Organisation, die auf Initiative der Regierungen der Mitgliedsstaaten gegründet wurde und in der diese allein die Entscheidungen treffen. Schon der Impuls zu seiner Gründung kam maßgeblich aus der Europabewegung und seine Satzung stellte im Mai 1949 einen politischen Kompromiss zwischen den eingangs erwähnten Ideen der „Föderalisten" und der „Unionisten" dar. Die Schaffung einer Vertretung der nationalen Parlamente als zweiter Säule des politischen Systems des Europarats (vgl. SEV Nr. 001, Art. 22 ff.) war dabei ein wichtiger Schritt, um gewählte Repräsentantinnen und Repräsentanten der Bürgerinnen und Bürger der Mitgliedsstaaten in die europäische Einigung einzubinden. Das zunächst „Beratende", ab Juli 1974 „Parlamentarische Versammlung" genannte Organ war nicht nur institutionell innovativ, sondern setzte auch Standards für nachfolgende europäische Integrationsorganisationen – konkret die EGKS bzw. die spätere EU – und erwies sich immer wieder als wichtige Triebkraft für die Entwicklung des Europarats selbst (vgl. Wassenberg 2024a, 14 ff.).

Auf diesen Grundlagen hat sich das politische System des Europarats im Interesse des „engeren Zusammenschlusses" der Europäerinnen und Europäer sowie des Schutzes europäischer Grundwerte seit dem Beitritt Deutschlands weiterentwickelt und ausgeweitet. Die Gesamtheit der Institutionen, Normen und Verfahren des Europarats präsentiert sich heute als komplexes **Mehrebenensystem,** wie es auch für andere Organisationen – insbesondere die EU oder die Vereinten Nationen – charakteristisch ist. (vgl. Knodt und Große Hüttmann 2012; Panke 2018. Zur Komplexität sozialer Systeme und den Grundlagen der Komplexitätsforschung siehe Ludwig 2020, Kap. 1 und 3; 2023b, 28–32)

„In der europäischen Mehrebenenpolitik muss eine hohe Anzahl unterschiedlicher Akteure mit einer großen Anzahl unterschiedlicher Interessen zusammenarbeiten, damit Input in Output umgewandelt werden kann […]." (Panke 2018, 1876) Was für die EU gilt, trifft im Falle des Europarats erst recht zu. Mit seinen zehn Gründerstaaten und den zahlreichen Beitritten im Anschluss vertrat er stets das „größere Europa". Heute gehören der paneuropäischen Organisation – außer Russland (seit 2022 ausgeschlossen), Belarus und dem Sonderfall Kosovo – 46 europäische Staaten an. Die Bundesrepublik zählte 1950/51 zusammen mit Griechenland (1949), Island und der Türkei (beide 1950) zu den ersten Neumitgliedern. Die seit der Gründung angestrebte **Paneuropäisierung** des Europarats (vgl. SEV Nr. 001, Art. 4) hat allerdings die Zahl der Akteure und damit die der möglichen Vetospieler stetig erhöht. Dies birgt Chancen, aber auch Unsicherheiten für die Umsetzung seiner Aufgaben. Der Fall Russlands – von dessen umstrittener Aufnahme in den Europarat im Jahr 1996 bis zu dessen Ausschluss im März 2022 im Kontext des Angriffskriegs gegen die Ukraine – ist hierfür ein tragisches Negativbeispiel, aktuell gefolgt von Aserbaidschan und der Türkei (vgl. Brummer 2022; Gawrich und Schöppner 2024).

Doch die Zahl der Akteure, die an der Arbeit des Europarats beteiligt sind, ist nicht nur durch neue Mitgliedsstaaten gewachsen, sondern bereits seit Anfang der 1950er Jahre auch durch institutionelle und inhaltliche Neuerungen, die eine bessere Bewältigung der Aufgaben der Straßburger Organisation ermöglichen sollen. Dem Leitbild eines **„Europas aller Ebenen"** (vgl. Ludwig 2024b) folgend umfasst ihr Mehrebenensystem vertikal alle politischen Ebenen – von den Kommunen und Regionen über die Mitgliedsstaaten bis zu den europäischen Institutionen des Europarats. Zum anderen bezieht es horizontal unterschiedliche nicht-politische Akteure mit ein. (vgl. Brummer 2008, 247 ff.) Der vergleichsweise frühe Beginn dieser Ausweitung hin zu einem Mehrebenensystem und dessen mittlerweile feststellbare Reichweite und Vielfalt machen den Europarat auch in dieser Hinsicht zu einem Pionier im Kontext der europäischen Einigung.

3.2   Institutionelle Mitwirkung im Europarat

Die Satzung des Europarats sieht mit zwei „Hauptorganen", Ministerkomitee und Parlamentarischer Versammlung, sowie zu deren Unterstützung einem „Hilfsorgan" Sekretariat, ein ursprünglich vergleichsweise reduziertes Institutionenmodell vor. (vgl. SEV Nr. 001, Art. 10; Brummer 2008, 19) Der Europarat selbst verzichtet heute auf eine Hierarchisierung seiner „Institutionen", die jede eine „entscheidende Rolle" (2024, 4) für das Funktionieren der Gesamtorganisation und deren Mehrebenensystem spielen.

Als Institutionen des Europarats werden aktuell gezählt:

- das Ministerkomitee
- die Parlamentarische Versammlung
- der Kongress der Gemeinden und Regionen
- das Sekretariat
- die Generalsekretärin bzw. der Generalsekretär sowie dessen Stellvertreterin oder Stellvertreter
- die Menschenrechtskommissarin bzw. der Menschenrechtskommissar

- die Konferenz der Internationalen Nichtregierungsorganisationen
- der Europäische Gerichtshof für Menschenrechte (EGMR) (formal ein Organ der EMRK, siehe Abschn. 3.3.4)

Im Folgenden werden diese Institutionen des Europarats kurz vorgestellt und Deutschlands gegenwärtige Mitwirkung an diesen aufgezeigt.

3.2.1 Ministerkomitee

Obwohl der Europarat im Laufe seiner Entwicklung ein Mehrebenensystem ausgebildet hat und heute etliche Institutionen im Sinne der Mission für Demokratie, Menschenrechte und Rechtsstaat einbezieht, bleibt das Ministerkomitee – das klassische Organ zwischenstaatlicher Kooperation – sein zentrales Entscheidungsgremium. (vgl. SEV Nr. 001, Art. 13 ff.) „Es bestimmt die Politik der Organisation und verabschiedet den Haushalt und das Arbeitsprogramm." (Europarat 2024, 4) Das Komitee tritt in verschiedenen Formaten zusammen, einmal die Außenministerinnen und -minister sowie auf Botschafterebene im „Komitee der Ministerbeauftragten" (KMB). Daneben gibt es „Sonderforen", wie das Gipfeltreffen der Staats- und Regierungschefs des Europarats oder Fachministerkonferenzen (vgl. Brummer 2008, 34).

Der **Gipfel der Staats- und Regierungschefs** war eine der institutionellen Neuerungen im Mehrebenensystem des Europarats im Zuge der tiefgreifenden Veränderungen Europas nach Ende des Ost-West-Konflikts. (vgl. Wassenberg 2024, 136 ff.) Insgesamt fanden bis dato vier dieser Treffen auf höchster Ebene statt: in Wien im Oktober 1993, in Straßburg im Oktober 1997, in Warschau im Mai 2005 und in Reykjavík im Mai 2023. Jeweils wurden Richtungsentscheidungen getroffen und in den Gipfelerklärungen festgehalten, die die inhaltliche Arbeit wie auch die institutionelle Zukunft der Organisation prägten. Für Deutschland nahmen die Bundeskanzler persönlich an den Gipfeln teil, zwei Mal also Helmut Kohl und 2005 Gerhard Schröder. Beim letzten Treffen auf Island unterstrich Bundeskanzler Olaf Scholz noch einmal die Bedeutung des Europarats für die Zukunft des Kontinents, gerade in Krisenzeiten (vgl. 2023).

Das eigentliche **Ministerkomitee** besteht aus den 46 Außenministerinnen und -ministern der Mitgliedsstaaten. Für Deutschland ist der oder die amtierende Bundesaußenministerin bzw. -minister, derzeit also Johann Wadephul (seit Frühjahr 2025), Mitglied des Gremiums. Die Sitzungen finden in der Praxis einmal im Jahr statt, wenn Mitte Mai der Vorsitz im Ministerkomitee wechselt. Es ist üblich, dass in diesem Zuge wichtige formale Beschlüsse gefasst werden, wie etwa neue

Europaratsverträge. (vgl. Palmer 2023, 106) Auch zum zweiten Vorsitzwechsel im November war eine Sitzung der Minister bis 2004 üblich. Die schwache Präsenzkultur, selbst bei den wenigen, noch verbliebenen Terminen des Ministerkomitees, führt seit geraumer Zeit zu Fragen nach dem Stellenwert des Europarats für die Regierungen sowie dem Hinweis: Es handele sich beim Ministerkomitee mittlerweile mehr um ein „Botschafterkomitee" (Wassenberg 2024, 236) als ein Ministergremium. Für die deutschen Amtsträgerinnen und -träger kann diese Kritik zumindest in den letzten Jahren nicht gelten. Annalena Baerbock war, wie schon ihr Vorgänger Heiko Maas, als Bundesaußenministerin regelmäßig beim Europarat und nahm an allen Sitzungen des Ministerkomitees in ihrer Amtszeit teil.

In der Tat tragen aber die in Straßburg befindlichen Vertreterinnen und Vertreter der Minister, die sog. **Ministerbeauftragten** (also die Ständigen Vertreterinnen und Vertreter der Mitgliedsstaaten beim Europarat, zumeist im Rang eines Botschafters), die Hauptlast der Arbeit der Institution. Die Bundesrepublik unterhält dafür am Quai Mullenheim in Straßburg seit 1954 eine Ständige Vertretung. Ministerbeauftragte und Ständige Vertreterin Deutschlands beim Europarat ist derzeit Botschafterin Heike Thiel. (vgl. Ständige Vertretung Europarat O. J.)

Unter Aufsicht der Ministerbeauftragten, die zumeist einmal wöchentlich im Europapalast zusammenkommen, finden alle Aktivitäten des Komitees statt: von der Vorbereitung der Ministersitzungen, über die Erarbeitung neuer Abkommen und des jährlichen Arbeitsprogramms für den Europarat als Ganzes, der Überwachung (dem sog. Monitoring) der umfangreichen bereits bestehenden Übereinkünfte bis hin zur Kontrolle der Umsetzung der Urteile des EGMR. (vgl. Palmer 2023, 107 ff.) Satzungsgemäß benötigen die meisten Beschlüsse des Ministerkomitees bzw. des KMB keine Einstimmigkeit. (vgl. SEV Nr. 001, Art. 20) Üblicherweise wird dennoch ein Konsens unter den Mitgliedsstaaten angestrebt.

Die inhaltlichen Impulse der Institution setzt im Rahmen des Arbeitsprogramms der Gesamtorganisation der halbjährlich, in alphabetischer Reihenfolge (des englischen Staatsnamens) rotierende **Vorsitz im Ministerkomitee** bzw. der KMB. Deutschland hatte diesen zuletzt von November 2020 bis Mai 2021 inne. (siehe Abschn. 2.5) Aufgrund der großen Mitgliederzahl des Europarats kommt dies nur alle gut 20 Jahre vor.

3.2.2 Parlamentarische Versammlung

Laut Satzung des Europarats bildet die Parlamentarische Versammlung das institutionelle Gegenstück zum Ministerkomitee. Obwohl das Organ 1949 besonders innovativ im Kontext europäischer Einigung war, wurden seine Kompetenzen im System Europarat zunächst primär beratend angelegt und damit der zwischenstaatliche Charakter der Organisation gewahrt. (vgl. SEV Nr. 001, Art. 22; Brummer 2008, 93) Neben der Erarbeitung inhaltlicher Empfehlungen für das Ministerkomitee liegen eine Reihe weiterer Aufgaben bei der Versammlung, insbesondere die Wahl des Generalsekretärs, des Menschenrechtskommissars und der Richterinnen und Richter des EGMR. Ferner nimmt sie wichtige Kontroll- und Prüffunktionen mit Blick auf die Arbeit des Ministerkomitees, anderer Institutionen und vor allem auch der Mitgliedsstaaten des Europarats wahr, konkret etwa in Form von Wahlbeobachtung oder der Thematisierung von Verstößen gegen Europas Grundwerte. Durch die institutionelle Einbindung von Mitgliedern der Parlamente der Mitgliedsstaaten trägt sie seit jeher entscheidend zur demokratischen Legitimation des Mehrebenensystems Europarat bei und stellt darüber hinaus bis heute ein zentrales Forum der Sicherung und Weiterentwicklung europäischer Integration dar.

Der Parlamentarischen Versammlung, die in der Regel vier Mal im Jahr im Europapalast in Straßburg zu Plenartagungen zusammenkommt, gehören 306 Mandatare aus den 46 Staaten des Europarats an. Die Zahl hängt von der Größe der jeweiligen Staaten ab. Deutschland entsendet 18 Mitglieder sowie 18 Stellvertreter. (vgl. SEV Nr. 001, Art. 26) Den Vorgaben der Satzung folgend (vgl. SEV Nr. 001, Art. 25) regelt seit 1990 das Bundesgesetz über die Wahl der Vertreter der Bundesrepublik Deutschland zur Parlamentarischen Versammlung des Europarats (EuRatWahlG) die Details: Die deutsche Delegation wird vom Bundestag am Beginn einer Legislaturperiode aus seiner Mitte gewählt, wobei die Sitzverteilung der im Parlament vertretenen Parteien berücksichtigt wird.

Tab. 3.1 listet die 18 Mitglieder der **deutschen Delegation** in der 21. Wahlperiode 2025–2029, darunter etliche neue Gesichter (vgl. Deutscher Bundestag O. J.):

Knut Abraham (CDU) leitet seit 2025 die deutsche Delegation und ist einer von 18 Vizepräsidenten der Versammlung. Hier organisieren sich die deutschen Abgeordneten nicht gemäß ihrer Staatsangehörigkeit, sondern in politischen Gruppen. Frank Schwabe (SPD) ist seit 2018 Vorsitzender der Gruppe der „Sozialisten, Demokraten und Grünen" sowie damit Mitglied des Präsidiums der Versammlung. Die deutschen Abgeordneten arbeiten darüber hinaus in den derzeit neun Ausschüssen sowie den verschiedenen Unterschüssen der Versammlung mit, die die Entscheidungen des Plenums vorbereiten. (Zu den jeweiligen Mitgliedschaften und Aktivitäten siehe: Parliamentary Assembly O. J.)

Mit der deutschen CDU-Politikerin **Leni Fischer** stand von 1996 bis 1999 erstmals eine Frau an der Spitze der Parlamentarischen Versammlung. Zuvor stellte die Bundesrepublik mit Karl Ahrens (SPD) zwischen 1983 und 1986 bereits einmal deren Präsidenten.

Tab. 3.1 Deutsche Delegation in der Parlamentarischen Versammlung des Europarats, 2025–2029

Knut Abraham (CDU/ CSU) Delegationsleiter	Gabriela Heinrich (SPD) Stellv. Delegationsleiterin
Tijen Ataoğlu (CDU/ CSU)	Pierre Lamely (AfD)
Inge Gräßle (CDU/ CSU)	Jürgen Coße (SPD)
Jürgen Hardt (CDU/ CSU)	Nancy Faeser (SPD)
Patricia Lips (CDU/ CSU)	Frank Schwabe (SPD)
Siegfried Walch (CDU/ CSU)	Max Lucks (Bündnis 90/ Die Grünen)
Birgit Bessin (AfD)	Filiz Polat (Bündnis 90/ Die Grünen)
Malte Kaufmann (AfD)	Janina Böttger (Die Linke)
Achim Köhler (AfD)	Vinzenz Glaser (Die Linke)

3.2.3 Kongress der Gemeinden und Regionen des Europarats

Der Kongress ist Ausdruck der bereits früh im Europarat vorhandenen Überzeugung, dass im Sinne seiner Mission für Demokratie, Menschenrechte und Rechtsstaat gerade die **bürgernahen politischen Ebenen** der Kommunen und Regionen einbezogen werden müssen. Entsprechend vertritt die Institution heute die Interessen der über 130.000 Gebietskörperschaften im Europarat und bringt mit seinen Empfehlungen deren Perspektive in die Arbeit von Ministerkomitee und Parlamentarischer Versammlung ein. Hauptziel ist dabei die Stärkung der lokalen und regionalen Demokratie in den Mitgliedsstaaten im Sinne der gerade auch darauf basierenden europäischen Wertegemeinschaft. (vgl. Europarat 2024, 5) Obwohl der Kongress formal nicht auf die Satzung des Europarats zurückgeht, haben etliche Reformen seit seiner Einrichtung in heutiger Form 1994, ihn zur „dritten Säule" (Affholder 2023, 202) des Europarats gemacht.

Er nimmt für die lokale und regionale Ebene vergleichbare Aufgaben wahr, wie es die Parlamentarische Versammlung für die Mitgliedsstaaten tut: Förderung, Fortentwicklung sowie Sicherung von Demokratie, Menschenrechten und Rechtsstaat durch inhaltliche Impulse, konkret aber im Falle des Kongresses vor allem Monitoring-Maßnahmen durch regelmäßige Berichte und Kontrollbesuche zur Umsetzung der **Europäischen Charta für Kommunale Selbstverwaltung** (SEV Nr. 122), der alle Staaten des Europarats beigetreten sind. Der letzte dieser Berichte für Deutschland wurde im März 2022 angenommen, wobei insbesondere die prekäre finanzielle Situation der Kommunen angesichts steigender Sozialausgaben kritisch kommentiert wurde. (vgl. CG(2022)42-16final) Zusätzlich existieren auch hier spezialisierte Programme und insbesondere das Instrument der Beobachtung kommunaler wie regionaler Wahlen. In Deutschland wurden zuletzt die Wahlen zur Hamburgischen Bürgerschaft im März 2025 sowie die Wiederholungswahl zum Berliner Abgeordnetenhaus im Februar 2023 durch den Kongress begleitet.

Auch organisatorisch ähnelt der Kongress der Parlamentarischen Versammlung: Ihm gehören ebenfalls 306 Mitglieder (und die entsprechende Zahl Stellvertreter) an. Sie müssen gewählte, amtierende kommunale bzw. regionale Mandatare sein. Diese teilen sich in zwei sog. Kammern auf: die Kammer der Gemeinden und die der Regionen. Diese setzen für ihre Wirkungsbereiche jeweils spezifische inhaltliche Schwerpunkte. Während die Plenarsitzungen zwei Mal jährlich in Straßburg stattfinden, erfolgt die Vorarbeit hier in drei Ausschüssen sowie den derzeit vier politischen Gruppen. (vgl. Affholder 2023, 187 ff.)

Entsprechend entsendet Deutschland 18 Mitglieder sowie 18 Stellvertreterinnen und -vertreter in den Kongress, die zu gleichen Teilen aus den Kommunen (Gemeinde, Städte oder Landkreise) und den Bundesländern stammen. Bei ihrer Benennung ist, gemäß der Satzung des Kongresses, auf föderale, geschlechtsbezogene wie auch parteipolitische Ausgewogenheit gemäß der politischen Gewichtsverteilung auf den substaatlichen Ebenen zu achten. Sie erfolgt im Zusammenspiel von kommunalen Spitzenverbänden, den Landesregierungen und der Bundesregierung.

Die **deutsche Delegation** bestand laut Jahrbuch des Kongresses im März 2025 aus 34 Personen, bei zwei vakanten Positionen. Hinzu kommt derzeit eine Jugenddelegierte, die insbesondere die Interessen und Perspektiven junger Menschen in die Kongressarbeit einbringen soll. Leiter der deutschen Delegation ist der Hamburger SPD-Politiker und Mitglied der Bürgerschaft, Sören Schumacher. Seine Stellvertreterin entstammt mit Gabriele Neff (FDP) dem Münchener Stadtrat. In der Kammer der Gemeinden ist die Bundesrepublik durch etliche Bürgermeisterinnen und Bürgermeister vor allem größerer Städte, einigen Landrätinnen und Landräten sowie nur wenigen Gemeinde- bzw. Stadträten vertreten. In der Kammer der Regionen wiederum finden sich ausschließlich Mitglieder der Landtage, wobei auch Angehörige der Landesregierungen hier durchaus möglich wären. (vgl. Congress Yearbook 2025) Die Geschäftsführung der deutschen Delegation liegt organisatorisch beim Deutschen Städtetag, was das starke Gewicht der kommunalen Ebene unterstreicht.

Der langjährige Oberbürgermeister der Stadt Sindelfingen (bis 2025) Bernd Vöhringer (CDU) ist seit 2023 (noch bis März 2026) Präsident der Kammer der Gemeinden und damit Mitglied des Präsidiums des Kongresses insgesamt. Deutschland hat hingegen bislang noch nie die Präsidentin bzw. den Präsidenten des Kongresses der Gemeinden und Regionen (oder der Vorgängerkonferenzen) gestellt.

3.2.4 Sekretariat und Generalsekretärin bzw. Generalsekretär

Obwohl die Satzung des Europarats die Posten des Generalsekretärs sowie dessen Stellvertreters und die Rolle des Sekretariats unterstützend definieren (vgl. SEV Nr. 001, Art. 10), wird in neuen Veröffentlichungen der **Generalsekretär** stets als erstes genannt. (vgl. Europarat 2024; 2025b) Angesichts der erwähnten vielfältigen Herausforderungen für Europas Wertegemeinschaft legt dies die Absicht einer Stärkung der Position nach innen und außen nahe. Er oder sie wird fünf Jahre von der Parlamentarischen Versammlung, auf Vorschlag des Ministerkomitees, „an die Spitze der Organisation" (Europarat 2024, 4) gewählt. Im Juni 2024 fiel die Wahl des 15. Generalsekretärs auf den Schweizer Alain Berset.

Der Generalsekretär ist formal dem Ministerkomitee verantwortlich. (vgl. SEV Nr. 1, Art. 37) Er leitet das Sekretariat, also den Beamtenapparat des Europarats (Leitungsfunktion). In diesem Sinne ist der Generalsekretär für „die strategische Planung, das Arbeitsprogramm und den Haushalt des Europarates zuständig." (Europarat 2024, 4) Ferner vertritt er ihn zum einen gegenüber den Mitgliedsstaaten und den anderen Akteuren des Mehrebenensystems nach innen (Vermittlungsfunktion). Zum anderen ist er das Gesicht des Europarats nach außen, gegenüber anderen Organisationen und vor allem den Europäerinnen und Europäern (Repräsentationsfunktion). (vgl. Brummer 2008, 127 f.) Insofern ist der Generalsekretär die zentrale Identifikationsfigur der Organisation und ihrer Arbeit, kurz: der europäischen Wertegemeinschaft.

Von bisher 15 Generalsekretärinnen und -sekretären des Europarats stammte einer aus Deutschland: **Georg Kahn-Ackermann.** Der SPD-Politiker war von 1974 bis 1979 als erster Sozialdemokrat im Amt, nachdem er zuvor lange der Parlamentarischen Versammlung angehört hatte. In seine Amtszeit fielen die Wiederaufnahme Griechenlands (1974) sowie die Aufnahme Portugals (1976), Spaniens (1977) und Liechtensteins (1978). Zudem entstanden unter seiner Leitung neue Europaratsverträge, darunter die wegweisende Berner Konvention zum Artenschutz (1979) (SEV Nr. 104). Auch institutionell kam es zu Fortschritten, etwa durch die Erweiterung der „Konferenz der Gemeinden Europas" zur „Konferenz der Gemeinden und Regionen Europas" (1975), dem Vorläufer des heutigen Kongresses. (vgl. Ludwig 2024b, 439) 1977 eröffnete Kahn-Ackermann den neuen Europapalast in Straßburg.

Die Stellvertretung des Generalsekretärs ist ebenfalls in der Satzung geregelt. (vgl. SEV Nr. 001, Art. 36) Auch diese wird für fünf Jahre von der Parlamentarischen Versammlung gewählt und entstammt zumeist der Beamtenschaft des Europarats. Er oder sie unterstützt den Generalsekretär in seinen Aufgaben, kann jedoch durchaus eigene Schwerpunkte setzen. (vgl. Brummer 2008, 128 f.) Seit März 2021 hat diesen Posten der Norweger Bjørn Berge inne. Mit Hans-Christian Krüger kam 1997 bis 2002 ebenfalls einmal ein Stellvertretender Generalsekretär aus Deutschland.

Das **Sekretariat** des Europarats beschäftigt etwa 2300 Personen aus den 46 Mitgliedsstaaten dauerhaft. (vgl. Europarat 2024, 7) Es unterstützt die anderen Institutionen bei ihrer Arbeit für die Ziele der Organisation und koordiniert diese. Neben den Sekretariaten der einzelnen Institutionen umfasst es derzeit drei Generaldirektorate (DG I: Menschenrechte und Rechtsstaat; DG II: Demokratie und Menschenwürde; DGA: Verwaltung), sechs Direktorate sowie eine Protokoll- und Medienabteilung. (vgl. Europarat 2025a) Der **europäische Beamtenapparat** ist zielführenderweise der Unabhängigkeit sowie ausschließlich den Interessen und Zielen des Europarats verpflichtet. (vgl. SEV Nr. 001, Art. 36 d-f) Seit Beitritt der Bundesrepublik gehört sie zu den wichtigsten Herkunftsländern. Etliche Beamte mit Deutschlandbezug haben teils über viele Jahre führende Positionen im Sekretariat eingenommen. Dazu gehört derzeit bspw. Claus Neukirch, der seit 2022 als Direktor Programmkoordination, die Entwicklung und Umsetzung der Arbeitsschwerpunkte des Europarats sowie dessen Verbindungs- und Programmbüros koordiniert. Jörg Polakiewicz leitet wiederum bereits seit 2013 das Direktorat „Legal Advice and Public International Law", also die Rechtsabteilung des Sekretariats.

3.2.5 Kommissarin bzw. Kommissar für Menschenrechte

Die 1999 vom Ministerkomitee neue geschaffene Institution im Mehrebenensystem des Europarats soll „die Achtung der Menschenrechte in den 46 Mitgliedsstaaten [...] fördern und in der Gesellschaft ein Bewusstsein dafür schaffen." (Europarat 2024, 6) Sie bildet mit dieser primär politisch-gesellschaftlichen Präventivarbeit für die Menschenrechte in Europa das Gegenstück im politischen System des Europarats zum EGMR, der die Nichteinhaltung, der in der EMRK verbrieften Rechte juristisch ahndet. Neben Stellungnahmen zu aktuellen Problemen sind regelmäßige **Länderberichte** zum Stand des Menschenrechtsschutzes in den Mitgliedsstaaten samt Empfehlungen zur Verbesserung der Lage (Menschenrechts-Monitoring) das wichtigste Instrument der Arbeit des

Kommissars bzw. der Kommissarin. Der letzte zu Deutschland ist im März 2024 erschienen. Inhaltliche Schwerpunkte, der eher durchwachsenen Beurteilung, waren die Strukturen und der Rechtsrahmen zum Schutz und zur Förderung der Menschenrechte sowie der Zugang zu sozialen Rechten, insbesondere zum Schutz vor Armut und zum Recht auf angemessenen Wohnraum. In beiden Bereichen wurden weitere Anstrengungen Deutschlands teils dringend angemahnt (vgl. CommHR(2024)13).

Der **Kommissar** bzw. die Kommissarin wird auf Vorschlag des Ministerkomitees von der Parlamentarischen Versammlung für eine nicht verlängerbare Amtszeit von sechs Jahren gewählt. Seit 2024 ist der Ire Michael O'Flaherty der fünfte Menschenrechtskommissar des Europarats. Eine Deutsche oder ein Deutscher hatten den Posten bislang nicht inne.

3.2.6 Konferenz der Internationalen Nichtregierungsorganisationen

Der Europarat hat im Rahmen der Ausweitung seines Mehrebenensystems bereits in den frühen 1950er Jahren begonnen, nicht-politische Akteure beratend einzubeziehen. Schrittweise ist auf dieser Grundlage die heutige Institution der Konferenz der Internationalen NGOs entstanden, die im globalen Vergleich als besonders institutionell innovativ und fortgeschritten gilt. Grundidee ist von Beginn an, die Einbindung der europäischen Zivilgesellschaft. Die Konferenz soll deren „Stimme" im Europarat sein und schafft ein partizipativ-demokratisches Element der Legitimation im Mehrebenensystem der Organisation. Mittlerweile haben über 300 Nichtregierungsorganisationen Teilnehmerstatus, über den der Generalsekretär befindet. (vgl. Europarat O. J.a) Die zwei Mal im Jahr tagende Generalversammlung samt den sonstigen Gremien der Konferenz liefern mit ihren Empfehlungen an die anderen Institutionen wichtige Expertise und vielfältigen Input für die Arbeit des Europarats für Demokratie, Menschenrechte und Rechtsstaat.

Laut Vorgabe sollen die teilnehmenden Organisationen grenzüberschreitend, möglichst europaweit tätig sein. Etliche von ihnen haben ihren Hauptsitz dabei in Deutschland. Darunter zum Beispiel die Arbeitsgemeinschaft Europäischer Grenzregionen (AGEG) mit Sitz in Gronau und Berlin, das Civil Society Forum mit Sitz in Berlin, das European Network for Education and Training mit Sitz in Bonn, die Friedrich-Ebert-Stiftung mit Sitz in Bonn, Kolping International mit Sitz in Köln oder die Organisation Intersex International Europe mit Sitz in Berlin.

3.2.7   Deutschlands finanzieller Beitrag zum Europarat

Der **Gesamthaushalt** des Europarats belief sich im Rahmen des mehrjährigen Haushaltsplans 2024–2027 für 2024 auf 626,6 Mio. €. Für das Jahr 2025 sind 655,7 Mio. € geplant. (vgl. Europarat O. J.d) Im Vergleich dazu lag das Budget der EU bei über 140 Mrd. € im Jahr 2024. (vgl. Rat der EU O. J.)

Jeder Mitgliedsstaat ist satzungsgemäß (vgl. SEV Nr. 001, Art. 38) dazu verpflichtet, einen Beitrag zur Kostendeckung der Organisation und ihrer Tätigkeiten zu leisten – sog. **Pflichtbeiträge.** Diese werden anhand eines verbindlichen Schlüssels berechnet, der vom Ministerkomitee festgelegt wird. Faktoren dabei sind vor allem Wirtschaftskraft und Bevölkerungsgröße. Deutschland gehört daher neben Frankreich, Italien, dem Vereinigten Königreich und der Türkei zu den Hauptbeitragszahlern des Europarats. Seine Zahlungen waren für 2025 mit insgesamt 52,4 Mio. Euro angesetzt. (vgl. CM(2025)1, 196) Daneben können **freiwillige Beiträge** für spezielle Zwecke geleistet werden, wie dies die Bundesrepublik zum Beispiel im Dezember 2023 mit einer stattlichen Sonderzahlung von über 7,7 Mio. € zur Unterstützung etlicher Programme, aber auch unterschiedlicher Institutionen und Gremien des Europarats tat. (vgl. Europarat 2023b) Der Europarat ist für die Erfüllung seiner vielfältigen Aufgaben für Demokratie, Menschenrechte und den Rechtsstaat sowie Europas Wertegemeinschaft entscheidend auf derartige Spenden vor allem wirtschaftsstarker Mitgliedsstaaten, wie auch die Kofinanzierung vieler Projekte durch die EU – wobei freilich hier Deutschland ebenfalls ein Hauptbeitragszahler ist – angewiesen.

3.3   Teilhabe am gemeinsamen Rechtsraum des Europarats

Die Entstehung des Mehrebenensystems des Europarats war über die Jahrzehnte eng mit der inhaltlichen Ausweitung dessen Arbeit verbunden, wobei der Schutz für Europas Grundwerte kontinuierlich erweitert sowie neue Herausforderungen und Themenfelder grenzüberschreitender Kooperation angegangen worden sind. Schlüssel dafür ist der Ausbau des gemeinsamen Rechtsraums, den der Europarat seit 1949 mit Hilfe völkerrechtlich bindender Verträge, die man als **Konventionen** oder auch Europaratsverträge bezeichnet, aufspannt. Dazu kommen bereits seit den 1950er Jahren sog. **Teilabkommen.** (vgl. Olsen 2023) Viele dieser Übereinkommen sehen spezielle Kontroll-, Monitoring- bzw. Evaluierungsinstrumente vor, die für den Erhalt und die Förderung von Demokratie, Menschenrechten und Rechtsstaat in Europa einen entscheidenden Beitrag leisten. Im Folgenden wird Deutschlands Teilhabe an diesem gemeinsamen Rechtsraum überblicksartig vorgestellt.

3.3.1 Konventionen bzw. Europaratsverträge

Die **Sammlung europäischer Verträge (SEV)** listet derzeit 227 Abkommen. Der wichtigste dieser Europaratsverträge ist die am 4. November 1950 aufgelegte und 1953 in Kraft getretene **EMRK.** (SEV Nr. 005) Mit ihrem Organ des EGMR sowie ihren mittlerweile 16 Zusatzprotokollen, die unter anderem die Todesstrafe in Europa unter allen Umständen verboten haben (SEV Nr. 114 und 187), bildet sie das **Kernstück der europäischen Wertegemeinschaft.** Auf die Arbeit des Europarats geht darüber hinaus, wie schon erwähnt, regelmäßig die inhaltliche Innovation europäischer Einigung im Lichte dieser Grundwerte zurück. (vgl. Wassenberg 2018, 284–290) Er hat über die Jahre gemeinsame Rechtsstandards in vielen Lebensbereichen, bspw. Kultur, Bildung und Medien, dem Umwelt- und Tierschutz, dem Sport, der Medizin oder der Rechtspflege entwickelt. Jüngst wurden in diesem Zuge zwei neue Europaratsverträge verhandelt und zur Unterzeichnung aufgelegt: mit Blick auf die wachsenden Herausforderungen durch künstliche Intelligenz im September 2024 ein „Rahmenübereinkommen über künstliche Intelligenz und Menschenrechte, Demokratie und Rechtsstaatlichkeit" (SEV Nr. 225) sowie im Mai 2025 das „Übereinkommen zum Schutz des Anwaltsberufs" (SEV Nr. 226).

Im Laufe der Zeit ist auf diese Weise ein, wenn auch nicht vollendeter, aber mit jeder Unterschrift und Ratifikation wachsender, **paneuropäischer Rechtsraum** entstanden, der die im globalen Vergleich einzigartige Grundlage unseres europäischen Lebensstils darstellt. Da in der Praxis jedoch nur zwei Europaratsverträge von allen Mitgliedern verpflichtend ratifiziert werden müssen – die Satzung sowie die EMRK –, stellt sich die Frage nach dem Stand der Teilhabe der Bundesrepublik am gemeinsamen Rechtsraum des Europarats.

Die Bundesregierung informiert Bundestag und Bundesrat regelmäßig „zum Stand der Unterzeichnung und Ratifizierung europäischer Abkommen und Konventionen" – zuletzt im Februar 2024 für den Zeitraum März 2021 bis Februar 2023 mit dem Ergebnis: „Deutschland hat im Berichtszeitraum einige weitere Übereinkommen ratifiziert und unterzeichnet. Zum Ende des Berichtszeitraums sind von Deutschland von den 226 Übereinkommen 137 ratifiziert, 41 unterzeichnet, 38 nicht unterzeichnet und 6 aufgekündigt worden." (Deutscher

Bundestag 2024, 2) Tab. 3.2 gibt einige Beispiele zentraler Konventionen und ihres Inkrafttretens in Deutschland.

Deutschland hat bis dato alle zentralen Europaratsverträge ratifiziert und ist vergleichsweise fortgeschritten in den gemeinsamen Rechtsraum eingebunden. Dies gilt gerade auch, weil etliche der älteren Abkommen der über 200 Konventionen und Protokolle durch den zeitlichen Verlauf gegenstandslos geworden sind. In den letzten Jahren dauert der Ratifikationsprozess teils jedoch auffällig lang, wie etwa die revidierte Europäische Sozialcharta (SEV Nr. 163) zeigt, die 2007 von Deutschland zwar unterzeichnet, aber erst 2021 ratifiziert worden ist. Die Gründe dafür variieren von Fall zu Fall: teils dauert die Konsensfindung auf deutscher Ebene (arg) lange, teils bestehen konkrete inhaltliche oder verfassungsrechtliche Bedenken gegen Teile der Abkommen, teils muss der Ratifikationsprozess zusätzlich im EU-Kontext rückgebunden werden. (vgl. Deutscher Bundestag 2024, 5 ff.)

3.3.2 Teilabkommen

Der Europarat kennt ferner bereits früh in seiner Geschichte eine Form „differenzierter Kooperation" (Brummer 2008, 66). Diese umfasst weitere Einrichtungen und Gremien, die auf der Rechtsbasis (erweiterter) **Teilabkommen** der Mitgliedsstaaten geschaffen worden sind. In der Regel sind hier jeweils nicht alle Europaratsstaaten Mitglied, im mittlerweile häufigen Fall „erweiterter Teilabkommen" können jedoch auch Nichtmitgliedsstaaten oder andere Organisationen (etwa die EU) teilnehmen. Der Europarat listet derzeit folgende Abkommen dieser Art auf seiner Webseite. (vgl. Europarat O. J.c) Tab. 3.3 zeigt Deutschlands jeweilige Mitgliedschaft darin.

Deutschland ist an zehn, der derzeit 15 Zusatzkooperationen des Europarats beteiligt – aus zwei Abkommen ist die Bundesrepublik ausgeschieden (Pompidou-Gruppe und Nord-Süd-Zentrum). Im Vergleich: Frankreich gehört 14, Italien 11, das Vereinigte Königreich lediglich fünf dieser sonstigen Gremien an. Insbesondere der nicht näher begründete Austritt aus der Kooperationsgruppe für Drogen und Sucht löste in Deutschland teils Unverständnis aus sowie die Sorge, künftig schlechter in internationale Forschung und Zusammenarbeit in diesem wichtigen gesellschaftlichen Themenkomplex eingebunden zu sein. (vgl. Wiessner 2012) Erwähnenswert ist abschließend das bisherige deutsche Fehlen sowohl im Teilabkommen über Sport (EPAS), bei ansonsten reger Beteiligung an sportpolitischen Initiativen im europäischen Kontext, und der Beobachtungsstelle für den Geschichtsunterricht in Europa, die dessen Qualität als Grundlage demo-

Tab. 3.2 Deutschland und die zentralen Konventionen des Europarats

Name der Konvention	SEV-Nr.	Auflegung	Unterzeichnung durch Deutschland	Ratifikation	Inkrafttreten
Satzung des Europarats	001	5. Mai 1949		13. Juli 1950	13. Juli 1950
Europäische Menschenrechtskonvention (EMRK)	005	4. November 1950	4. November 1950	5. Dezember 1952	3. September 1953
Europäische Sozialcharta	035	18. Oktober 1961	18. Oktober 1961	27. Januar 1965	26. Februar 1965
Europäische Sozialcharta (revidiert)	163	3. Mai 1996	29. Juni 2007	29. März 2021	1. Mai 2021
Übereinkommen über die Erhaltung wildlebender Tiere und Pflanzen (Bern-Konvention)	104	19. September 1979	19. September 1979	13. Dezember 1984	1. April 1985
Europäische Charta der Kommunalen Selbstverwaltung	122	15. Oktober 1985	15. Oktober 1985	17. Mai 1988	1. September 1988
Übereinkommen zur Verhütung von Folter	126	26. November 1987	26. November 1987	21. Februar 1990	1. Juni 1990
Rahmenübereinkommen zum Schutz nationaler Minderheiten	157	1. Dezember 1995	11. Mai 1995	10. September 1997	1. Februar 1998

(Fortsetzung)

Tab. 3.2 (Fortsetzung)

Name der Konvention	SEV-Nr.	Auflegung	Unterzeichnung durch Deutschland	Ratifikation	Inkrafttreten
Übereinkommen zum Schutz von Kindern vor sexueller Ausbeutung und sexuellem Missbrauch (Lanzarote-Konvention)	201	25. Oktober 2007	25. Oktober 2007	18. November 2015	1. März 2016
Übereinkommen zur Verhütung und Bekämpfung von Gewalt gegen Frauen und häuslicher Gewalt (Istanbul-Konvention)	210	11. Mai 2011	11. Mai 2011	12. Oktober 2017	1. Februar 2018

kratischer Bildung in ihren Mitgliedsstaaten fördern will. Die Bildungshoheit der Bundesländer, insofern strukturelle Aspekte, und mangelnde politische Priorisierung dürften hierfür wichtige Hürden sein und legen eine alternative Beteiligung Deutschlands an dieser wichtigen Arbeit für die europäische Wertegemeinschaft nahe.

3.3.3 Monitoring und Evaluierungsinstrumente

Etliche der Konventionen und Teilabkommen sehen spezielle **Kontrollmechanismen** zur Evaluierung und Überprüfung ihrer Einhaltung durch die Mitgliedsstaaten vor. Diese kontinuierlichen Monitoring-Prozesse im Rahmen des gemeinsamen Rechtsraums des Europarats stellen einen zentralen Teil der Arbeit seines Mehrebenensystems dar. (vgl. Drzemczewski 2017, 618 ff.) Auch wenn dem Europarat nur begrenzt Sanktionsmöglichkeiten bei Nichteinhaltung vertraglicher Zusagen

Tab. 3.3 Deutschland und die Teilabkommen des Europarats

Name der Institution / Gruppe	Gründungsjahr / Sitz	Mitgliedsstaaten (Anzahl)	Deutschlands Mitgliedschaft
Entwicklungsbank des Europarats	1956 / Paris	43	Seit April 1956
EDQM / Europäisches Arzneibuch	1964	40	Seit Dezember 1973
Internationale Kooperationsgruppe des Europarats für Drogen und Sucht (Pompidou-Gruppe)	1980	41	März 1980 – Dezember 2011
Gruppe zur Zusammenarbeit in Sachen Vorbeugung, Schutz- und organisierter Hilfestellung bei Technologie- und Naturkatastrophen (EUR-OPA)	1987	22	Kein Mitglied
Europäischer Filmförderungsfonds (Eurimages)	1988	39	Seit Oktober 1988
Europäisches Zentrum für globale Interdependenz und Solidarität (Nord-Süd-Zentrum)	1989 / Lissabon	20	Oktober 2011 – Dezember 2012
Europäische Kommission für Demokratie durch Recht (Venedig-Kommission)	1990 / Venedig	61	Seit Juli 1990
Teilabkommen über Mobilität von Jugendlichen durch die Youth Card	1991	25	Kein Mitglied (indirekte Teilnahme)
Europäische Audiovisuelle Informationsstelle	1992	42	Seit Dezember 1992
Europäisches Fremdsprachenzentrum	1994 / Graz	36	Seit Juni 1999

(Fortsetzung)

Tab. 3.3 (Fortsetzung)

Name der Institution / Gruppe	Gründungsjahr / Sitz	Mitgliedsstaaten (Anzahl)	Deutschlands Mitgliedschaft
Staatengruppe gegen Korruption (GRECO)	1998	48	Seit Mai 1999
Erweitertes Teilabkommen über Sport (EPAS)	2007	41	Kein Mitglied
Erweitertes Teilabkommen über Kulturrouten	2011 / Luxemburg	43	Seit Januar 2013
Erweitertes Teilabkommen über die Beobachtungsstelle für den Geschichtsunterricht in Europa	2020	19	Kein Mitglied
Erweitertes Teilabkommen über das Register der durch die russische Aggression gegen die Ukraine verursachten Schäden	2023	41	Seit Mai 2023

zur Verfügung stehen, so tragen derartige Review-Prozesse nicht nur zur Sicherung der Standards europäischen Miteinanders bei, sondern schaffen in der Regel ein gewisses Maß an *peer pressure,* also Gruppendruck unter den Staaten zur Einhaltung derselben. Neben den vielfältigen Aktivitäten durch die Institutionen des Europarats für den Schutz demokratischer Standards und gutes Regieren, Menschenrechte und Rechtsstaatlichkeit sind in diesem Kontext die regelmäßigen Berichte von neun **Expertengremien** (vgl. Europarat 2024, 12–15) von Bedeutung – auch für Deutschland. Als Beispiel sei der Europäische Ausschuss für soziale Rechte (ECSR) erwähnt, der die Einhaltung der Europäischen Sozialcharta (SEV Nr. 35 und 163) überwacht und einen aktuellen Überblick, der durchaus zu verbessernden Situation sozialer Rechte in Deutschland bietet. (vgl. Europarat O. J.b).

3.3.4 Deutschland, die Menschenrechtskonvention und der EGMR

Der wichtigste Kontrollmechanismus des Europarats steht aber in Verbindung mit seiner wohl wichtigsten Konvention, der **EMRK.** (SEV Nr. 005) Diese wurde am 4. November 1950 in Rom zur Unterzeichnung durch die Mitgliedsstaaten aufgelegt und trat am 3. September 1953 in Kraft. Sie stellt heute das zentrale europäische Referenzdokument des Menschen- und Grundrechtsschutzes für gut 700 Millionen Europäerinnen und Europäer dar. Die Konvention umfasst grundlegende politische und bürgerliche Rechte, während ihr Gegenstück, die Europäische Sozialcharta (SEV Nr. 35 und 163), sich auf wirtschaftliche und soziale Rechte fokussiert. Die EMRK garantiert u. a. das Recht auf Leben, das Verbot der Folter, Sklaverei und Zwangsarbeit in Europa, das Recht auf ein Verfahren, Gedanken-, Gewissens- und Religionsfreiheit, die freie Meinungsäußerung oder das Verbot der Diskriminierung. (vgl. Grabenwarter und Pabel 2021, Kap. 2) Die mittlerweile 16 Zusatzprotokolle zur EMRK haben zum einen mehrfach ihren Rechtskatalog ausgeweitet. Zum anderen haben sie den vorgesehenen Kontrollmechanismus kontinuierlich weiterentwickelt. (vgl. Bates 2010).

Der 1959 gegründete **EGMR** mit Sitz in Straßburg wird heute zu Recht als wichtige Säule des Europarats gesehen – obwohl er formal kein Organ desselben, sondern der EMRK ist. Er stellt den institutionellen Ausdruck eines im globalen Vergleich einzigartigen Schutzsystems dar und ist damit entscheidend für die Arbeit des Europarats als Hüter der Menschenrechte auf unserem Kontinent: Nach Durchlaufen aller Gerichtsinstanzen des jeweiligen Mitgliedsstaats kann jede und jeder im Fall von Verstößen gegen ihre und oder seine individuellen Rechte beim EGMR Klage einreichen **(Individualbeschwerde),** was eine zusätzliche Absicherung der Grundrechte auf europäischer Ebene darstellt. Daneben besteht die Möglichkeit, dass Staaten andere Staaten wegen Verstößen gegen die EMRK anklagen (Staatenbeschwerde). (vgl. Brummer 2008, 149 ff.) Die **Urteile** des Gerichtshofs sind völkerrechtlich bindend und müssen insofern von den betroffenen Staaten umgesetzt werden, worüber das Ministerkomitee wacht. Konkret kann es sich etwa um Entschädigungszahlungen handeln. Ferner wird eine Rechtsanpassung im verurteilten Mitgliedsstaat bzw. die notwendigen politischen Folgemaßnahmen zur Umsetzung der Entscheidung des EGMR erwartet. (vgl. Grabenwarter und Pabel 2021, Kap. 3) Mit jedem ihrer Urteile entwickeln die Richterinnen und Richter zugleich, nicht immer zur Begeisterung aller Regierungen bzw. politischer Kräfte in den Mitgliedsstaaten, die Auslegung der Menschen- und Grundrechte in Europa weiter, aktualisieren oder präzisieren sie. Dies ist aber entscheidend für deren zeitgemäßen Schutz und damit die Relevanz der europäischen Wertegemeinschaft für die Menschen.

Die Bundesrepublik ist ein **Mitglied der ersten Stunde** der EMRK und hat vor 75 Jahren zu den ersten Unterzeichnern bei deren Auflegung gehört. Sie trat hier am 3. September 1953 in Kraft, als die dafür notwendige Zahl an Ratifikationen durch zumindest zehn Mitgliedsstaaten erreicht war. Von den 16 **Zusatzprotokollen** hat Deutschland die meisten ratifiziert, damit gelten deren jeweilige Bestimmungen für die Bundesrepublik. Ausnahmen sind in Tab. 3.4 zusammengefasst.

Von der Verfahrensfrage des Protokolls Nr. 16 abgesehen, stechen die noch nicht erfolgten Ratifikationen der Protokolle Nr. 7 und 12 ins Auge. In beiden Fällen liegen verschiedene politische wie rechtliche Begründungen vor (vgl. Deutscher Bundestag 2024, 6), primär scheint aber der politische Wille zu fehlen, einen innerdeutschen Konsens zur konkreten Umsetzung herzustellen. Angesichts des fortgeschrittenen Ratifikationsstands aller drei Protokolle, insbesondere im ersten Fall (hier fehlen nur drei Staaten!), schert die Bundesrepublik aktuell gleich mehrfach aus. Sie nimmt damit nicht im möglichen Maß am paneuropäischen Grundrechtsschutz teil, was in auffälligem Widerspruch zu ihrem hier mehrfach erwähnten europapolitischen Engagement in diesem Bereich und

Tab. 3.4 Deutschland und die Zusatzprotokolle zur EMRK

Zusatz-protokoll	SEV-Nr	Auflegung	Unter-zeichnung durch Deutschland	Ratifikation	Inkrafttreten
Protokoll Nr. 7: Ausweitung des Rechts-katalogs der EMRK	117	22. November 1984	19. März 1985	Bisher nicht	Bisher nicht
Protokoll Nr. 10: Reform der richterlichen Aufgaben des Minister-komitees	146	25. März 1992	25. März 1992	7. Juli 1994	Bisher nicht (noch nicht von allen EMRK-Mitgliedern ratifiziert)
Protokoll Nr. 12: Generelles Dis-kriminierungs-verbot	177	4. November 2000	4. November 2000	Bisher nicht	Bisher nicht
Protokoll Nr. 16: Vorgut-achten durch EGMR	214	2. Oktober 2013	Bisher nicht	Bisher nicht	Bisher nicht

dem erst jüngst im Rahmen der Jubiläumsfeierlichkeiten beteuerten Stellenwert der Menschenrechtspolitik hierzulande steht (vgl. Wadephul 2025).

Im Vergleich zu anderen Mitgliedsstaaten (derzeit am häufigsten die Türkei, Russland, die Ukraine, Rumänien und Polen) wie auch mit Blick auf die Vorjahre ist die Bundesrepublik jedoch selten Verfahrenspartei vor dem EGMR. Von den 28.800 im Jahr 2024 eingegangenen Beschwerden richteten sich laut Statistik des Gerichts lediglich 440 **Individualbeschwerden gegen Deutschland,** wovon 436 als nicht zulässig abgewiesen wurden. In vier Urteilen wurde die Bundesrepublik zwei Mal eines Verstoßes gegen die EMRK für schuldig befunden. Zu Jahresbeginn 2025 waren noch 134 Fälle anhängig – bei über 60.000 insgesamt. (vgl. ECtHR 2025, 1) Eine Staatenbeschwerde gegen die Bundesrepublik hat es bislang nicht gegeben, noch hat sie gegen einen anderen Vertragsstaat wegen Menschenrechtsverletzungen eine solche eingereicht.

Wie im Falle jedes Mitgliedsstaats der EMRK stammt seit 1959 je eine **Richterin bzw. ein Richter am EGMR** aus Deutschland. Sie werden heute für eine neunjährige, nichterneuerbare Amtszeit von der Parlamentarischen Versammlung des Europarats gewählt. In chronologischer Reihenfolge waren dies: Hermann Mosler (1959–1980), Rudolf Bernhardt (1981–1998), Georg Ress (1998–2004), Renate Jaeger (2004–2010), Angelika Nußberger (2011–2019) und Anja Seibert-Fohr (seit 2020). Mit dem Völkerrechtler **Rudolf Bernhardt** war 1998 bislang ein Deutscher bis zu seinem Ausscheiden im Rahmen der damaligen grundlegenden Reform des Gerichts für wenige Monate dessen Präsident.

Fazit: Darum braucht Deutschland den Europarat… 4

Seit den späten 1940er Jahren hat der Europarat wesentlich dazu beigetragen, Deutschland nach dem Zweiten Weltkrieg wieder in die „europäische Familie" und ihre Wertegemeinschaft einzugliedern. Konrad Adenauer bezeichnete ihn einst als das „europäische Gewissen" – ein Ausdruck für die moralische und politische Bedeutung, die dem Europarat in der Nachkriegsordnung zukam. Bis heute ist der Europarat ein zentraler Garant für Demokratie, Menschenrechte und Rechtsstaatlichkeit – auch in Deutschland. Gemeinsam mit der EU bildet er den übergeordneten Rahmen für die deutsche Europa- und Menschenrechtspolitik. Deutschland wiederum hat den Europarat über 75 Jahre hinweg aktiv mitgestaltet – durch politisches Engagement, personelle Beteiligung und substanzielle finanzielle Unterstützung. Mit wenigen Ausnahmen ist Deutschland eng in den europäischen Rechtsraum des Europarats eingebunden. Ein Blick auf Deutschlands Mitgliedschaft und aktuelle Mitwirkung zeigt, wie vielfältig die Zusammenarbeit der heute 46 Mitgliedsstaaten ist, aber auch wie sehr Deutschland davon profitiert hat und weiterhin profitiert.

Gerade in einer Zeit geopolitischer Spannungen, des Kriegs in Osteuropa und gesellschaftlicher Polarisierung wird deutlich: Demokratie, Menschenrechte und Rechtsstaat sind keine Selbstverständlichkeit – sie müssen täglich neu verteidigt werden. (vgl. Europarat 2023a, 3) In diesem Zusammenhang unterstrich Bundeskanzler Olaf Scholz auf dem Gipfel der Staats- und Regierungschefs des Europarats in Reykjavík 2023 treffend: „Der Europarat ist heute so wichtig wie wohl niemals zuvor." (2023, 1)

Auch **Deutschland braucht den Europarat mehr denn je** – nicht nur als europäische Institution, sondern als moralisches Rückgrat eines vereinten, freien und gerechten Europas:

© Der/die Autor(en), exklusiv lizenziert an Springer Fachmedien Wiesbaden GmbH, ein Teil von Springer Nature 2025
A. N. Ludwig und B. Wassenberg, *Deutschland im Europarat,* essentials,
https://doi.org/10.1007/978-3-658-50074-0_4

- **Weil der Mensch im Mittelpunkt steht.** Der Europarat kämpft für Würde, Freiheit und Lebensqualität. Seine Institutionen und Abkommen dienen jedem und jeder Einzelnen in Deutschland, sie nehmen insbesondere auch junge Menschen in den Blick – und damit unsere Zukunft.
- **Weil die Europäische Menschenrechtskonvention und ihr Gerichtshof Hoffnung geben.** Wenn Menschen in Deutschland bei Grundrechtsverletzungen auf taube Ohren stoßen, bietet Straßburg ihnen eine Stimme – laut, klar und rechtlich verbindlich. Diese Möglichkeit ist ein weltweites Unikum und ein Bollwerk gegen Willkür.
- **Weil der Europarat unser demokratisches Fundament stärkt.** Er hilft, die liberale Demokratie widerstandsfähiger gegen Extremismus und populistische Angriffe zu machen. Er steht an der Seite all jener, die für Rechtsstaatlichkeit und Freiheit kämpfen. Seine Werte sind Kompass und Korrektiv zugleich.
- **Weil er europäische Lösungen für europäische Herausforderungen schafft.** Der Europarat verbindet fast 700 Millionen Menschen in einem gemeinsamen Rechtsraum. Bei aktuellen Themen wie künstlicher Intelligenz, Migration, Terrorismus oder Cyberkriminalität bietet er den institutionellen Rahmen, in dem paneuropäische Antworten formuliert werden – und Deutschland ist darauf angewiesen wie nie zuvor.
- **Weil er Europa zusammenhält, wenn es am nötigsten ist.** Wenn Europas Werte bedroht werden – von innen oder außen –, ist der Europarat die moralische Bastion unseres Kontinents. Demokratie, Menschenrechte und Rechtsstaatlichkeit sind die Grundlage aller Bemühungen europäischer Einigung, insbesondere auch der EU, die Deutschlands Freiheit, Sicherheit und Wohlstand überhaupt erst möglich gemacht haben – und auch künftig sichern.

Was Sie aus diesem *essential* mitnehmen können

- eine historische Skizze, wie die Bundesrepublik von ihrer Mitgliedschaft im Europarat seit 1950 profitiert und was sie beigetragen hat
- einen Überblick, wie Deutschland heute an den Institutionen und Gremien des Mehrebenensystems Europarat mitwirkt
- wie es aktuell in den gemeinsamen Rechtsraum der paneuropäischen Organisation, insbesondere das System des Grund- und Menschenrechtsschutzes der Europäischen Menschenrechtskonvention eingebunden ist
- Gedanken, warum Deutschland den Europarat heute wohl mehr als je zuvor braucht…

A. N. Ludwig und B. Wassenberg, *Deutschland im Europarat*, essentials, https://doi.org/10.1007/978-3-658-50074-0

Literatur

Adenauer, Konrad. 1951. *Rede von Bundeskanzler Konrad Adenauer vor der Beratenden Versammlung des Europarats,* 10. Dezember 1951. https://www.cvce.eu/de/obj/rede_von_konrad_adenauer_vor_dem_europarat_straßburg_10_dezember_1951-de-0ea92ca7-2add-405e-9b03-047ab6e9b728.html.

Affholder, Sylvie. 2023. The Congress of Local and Regional Authorities: European Co-operation Close to the Citizen. In *Council of Europe (CoE),* hrsg. Tanja E. J. Kleinsorge, 187–203. Alphen aan den Rijn: Wolters Kluwer. 4. Aufl.

Auswärtiges Amt. 2025. *Der Europarat: Förderer von Demokratie, Menschenrechten und Rechtsstaatlichkeit für 700 Millionen Menschen in Europa.* https://www.auswaertiges-amt.de/de/aussenpolitik/europa/europarat/er-text-205322.

Bates, Ed. 2010. *The Evolution of the European Convention of Human Rights: From Its Inception to the Creation of a Permanent Court of Human Rights.* Oxford: Oxford University Press.

Berg, Axel. 2023. Menschenrechte und multilaterale Außenpolitik: Der deutsche Vorsitz im Europarat 2020/21. In *Der Schutz des Individuums durch das Recht,* hrsg. Philipp B. Donath et al., 143–155. Berlin: Springer.

Bitsch, Marie-Thérèse. 2008. *Histoire de la construction européenne.* Brüssel: Complexe.

Brouwer, Jan Wilem. 1997. Marinus van der Goes van Naters et la Sarre (1952–1954). In *Jalons pour une histoire du Conseil de l'Europe,* hrsg. Marie-Thérèse Bitsch, 297–315. Bern: Peter Lang.

Brummer, Klaus. 2008. *Der Europarat: Eine Einführung.* Wiesbaden: VS Verlag.

Brummer, Klaus. 2022. Der Europarat, Russland und das Scheitern der Einbindungspolitik. *Gesellschaft. Wirtschaft. Politik* 71(4), 452–463.

Brummer, Klaus und Birte Wassenberg. 2024. Europarat und Europäische Union als ‚strategische Partner'? *Zeitschrift für Politik* 71(4), 386–409.

Alle Internet quellen mit Stand 12. November 2025. Die *Sammlung der Europäischen Verträge (SEV)* ist durch das Vertragsbüro des Europarats online verfügbar: https://www.coe.int/de/web/conventions/full-list.

Clemens, Gabriele et al. 2008. *Geschichte der europäischen Integration.* Paderborn: UTB Schöningh.

CG(2022)42-16final. *Monitoring of the application of the European Charter of Local Self-Government in Germany,* 22. März 2022. https://rm.coe.int/cg-2022-42-16prov-en-monitoring-of-the-application-of-the-european-cha/1680a5b17c.

CG(2025)48-04. *Congress Yearbook,* 17. März 2025. https://rm.coe.int/congress-yearbook-annuaire-du-congres/1680b4e918.

CM/Res(1950)4. *Admission of the German Federal Republic,* 31. März 1950. https://rm.coe.int/09000016805e3b43.

CM/Res(1951)15. *Admission of the German Federal Republic,* 2. Mai 1951. https://rm.coe.int/09000016805e3a33.

CM/Res(1955)35. *A Common European Policy Vis-à-Vis the East,* 13. Dezember 1955.

CM(2025)1. *Council of Europe Programme and Budget 2024–2027 (2025 adjusted),* 16. Dezember 2024. https://www.coe.int/en/web/about-us/budget.

CM/Inf(2020)23. *Priorities of the German Presidency of the Committee of Ministers of the Council of Europe (18 November 2020 – 21 May 2021).* https://www.coe.int/de/web/presidency/germany.

CommHR(2024)13. *Bericht der Menschenrechtskommissarin des Europarats nach ihrem Besuch in Deutschland vom 27. November bis 1. Dezember 2023,* 19. März 2024. https://rm.coe.int/landerbesuchsbericht-uber-deutschland-dunja-mijatovic-menschen-rechtsko/1680af4ffc.

Churchill, Winston. 1946. *Rede an die akademische Jugend an der Universität Zürich,* 19. September 1946. https://www.europa-union.de/fileadmin/files_eud/PDF-Dateien_EUD/Allg._Dokumente/Churchill_Rede_19.09.1946_D.pdf.

Deutscher Bundestag. O. J. *Internationales: Parlamentarische Versammlung des Europarates.* https://www.bundestag.de/europa_internationales/international/europarat.

Deutscher Bundestag. 1950. *Plenarprotokoll der 69. Sitzung,* 15. Juni 1950. https://dserver.bundestag.de/btp/01/01069.pdf.

Deutscher Bundestag. 2024. *Bericht der Bundesregierung zum Stand der Unterzeichnung und Ratifizierung europäischer Abkommen und Konventionen durch die Bundesrepublik Deutschland für den Zeitraum März 2021 bis Februar 2023,* 29. Februar 2024. https://dserver.bundestag.de/btd/20/105/2010548.pdf.

DJB. 2007. *Stellungnahme des Deutschen Juristinnenbundes 07-13,* 6. Juli 2007. https://www.djb.de/presse/stellungnahmen/detail/st07-13?actbackPid=70&cHash=91660b6e-e19a1156b7a2a2bcbba49448.

Drzemczewski, Andrew. 2017. Core Monitoring Mechanisms and Related Activities. In *The Council of Europe: Its Laws and Policies,* hrsg. Stefanie Schmahl und Marten Breuer, 617–635. Oxford: Oxford University Press.

ECtHR. 2025. *Press Country Profile: Germany,* Januar 2025. https://www.echr.coe.int/documents/d/echr/CP_Germany_ENG.

Europarat. O. J.a. *Conference of INGOs: INGOs Database.* https://coe-ngo.org/#/ingos.

Europarat. O. J.b. *Social Rights: Germany.* https://www.coe.int/en/web/european-social-charter/germany.

Europarat. O. J.c. *Vertragsbüro: Aufzeichnung der Teilabkommen.* https://www.coe.int/de/web/conventions/full-list1.

Europarat. O. J.d. *Was wir tun: Haushalt.* https://www.coe.int/en/web/about-us/budget.

Europarat. 1997. *Les voix de l'Europe (1949–1996)*. Strasbourg: Conseil de l'Europe.

Europarat. 2023a. *Reykjavík Declaration: United around our values – 4th Summit of Heads of State and Government of the Council of Europe*, 17. Mai 2023. https://rm.coe.int/0900001680ab40c1.

Europarat. 2023b. *Germany makes a signifcant voluntary contribution*, 12. Dezember 2023. https://www.coe.int/en/web/programmes/-/germany-makes-a-voluntary-contribution-1.

Europarat. 2024. *Der Europarat im Überblick.* Strasbourg: Council of Europe. https://edoc.coe.int/en/an-overview/7070-the-council-of-europe-an-overview.html.

Europarat. 2025a. *Organisation Chart of the Secretariat General of the Council of Europe*, 2. Juni 2025. https://rm.coe.int/organisationchart-coe-en/1680979c2d.

Europarat. 2025b. *The Council of Europe: Guardian of Human Rights.* Strasbourg: Council of Europe. https://edoc.coe.int/en/an-overview/6206-the-council-of-europe-guardian-of-human-rights.html.

Fuchs, Michael. 2021. Zur Bewährung des Menschenrechtssystems des Europarates aus deutscher Sicht. *europa ethnica* 78(1–2), 28–35.

Gareis, Sven Bernhard. 2021. *Deutschlands Außen- und Sicherheitspolitik: Eine Einführung.* Opladen: Verlag Barbara Budrich UTB. 3. Aufl.

Gawrich, Andrea. 2014. *Demokratieförderung von Europarat und OSZE: Ein Beitrag zur europäischen Integration.* Wiesbaden: SpringerVS.

Gawrich, Andrea und Fabian Schöppner. 2024. Europarats-Praktiken gegenüber nichtdemokratischen Regimen – das Ende der »Schule der Demokratie«? *Zeitschrift für Politik* 71(4), 410–432.

Gialdino, Carlo Curti. 2005. *The Symbols of the European Union.* Rom: Istituto Poligrafico e Zecca dello Stato.

Gorbatschow, Michail. 1989. *Address given by Michail Gorbachev to the Council of Europe*, 6. Juli 1989. https://www.cvce.eu/content/publication/2002/9/20/4c021687-98f9-4727-9e8b-836e0bc1f6fb/publishable_en.pdf.

Grabenwarter, Christoph und Katharina Pabel. 2021. *Europäische Menschenrechtskonvention: Ein Studienbuch.* München: C. H. Beck. 7. Aufl.

Haller, Bruno. 2006. *Une Assemblée au service de l'Europe: L'Assemblée parlementaire du Conseil de l'Europe 1949–1989.* Strasbourg: Conseil de l'Europe.

Hell, Françoise. 1991. *Le problème de l'admission de l'Allemagne au Conseil de l'Europe, 1948-1951.* Mémoire de DEA, IHEE, Université de Strasbourg.

Kissel, Pascale.1991. *Le Conseil de l'Europe face à la crise de Berlin (1958-1962).* Mémoire de DEA, IHEE, Université de Strasbourg.

Knodt, Michèle und Große Hüttmann, Martin. 2012. Der Multi-Level Governance-Ansatz. In *Theorien der europäischen Integration*, hrsg. Hans- Jürgen Bieling und Marika Lerch, 187–206. Wiesbaden: SpringerVS.

Loth, Wilfried. 2020. *Europas Einigung: Eine unvollendete Geschichte.* Frankfurt am Main: Campus.

Ludwig, Andreas N. 2020. *Bilaterale Beziehungen als komplexe Systeme: Komplexitätsforschung am Beispiel der deutsch-britischen Beziehungen nach 1945.* Wiesbaden: SpringerVS.

Ludwig, Andreas N. 2022. Opinion: Europe's Division Deepens with Russia's Council of Europe's Expulsion. *E-International Relations*, 18. März 2022. https://www.e-ir.

info/2022/03/18/opinion-europes-division-deepens-with-russias-council-of-europe-expulsion/.

Ludwig, Andreas N. 2023a. Not one, but many: Herausforderungen und Chancen der Vielfalt europäischer Integrationsprozesse. *Beiträge des XI. Internationalen Förderkongresses Junge Wissenschaft und Wirtschaft der Hanns-Martin-Schleyer-Stiftung und des IFO-Instituts.* Hanns-Martin Schleyer-Stiftung. https://schleyer-stiftung.de/wp-content/uploads/2022/10/Dr.-Andreas-N.-Ludwig-Beitrag-Europakongress-Schleyer-ifo.pdf.

Ludwig, Andreas N. 2023b. The Complexity of Memory in Global Relations and European Integration: A Theoretical Perspective. *Journal of European Integration History* 29(1), 19–34.

Ludwig, Andreas N. 2024a. Wahlen in Zeiten der Polykrise? Baustellen der Europäischen Union im Europawahljahr 2024. *Gesellschaft. Wirtschaft. Politik.* 73(1), 44–54.

Ludwig, Andreas N. 2024b. Verantwortung für Europa: Substaatliche Regionen im Mehrebenensystem des Europarats. *Zeitschrift für Politik* 71(4), 433–449.

Merkel, Angela. 2021. Rede von Bundeskanzlerin Dr. Angela Merkel vor der Parlamentarischen Versammlung des Europarats, 20. April 2021. *Bulletin der Bundesregierung* 57-1, https://www.bundesregierung.de/breg-de/service/newsletter-und-abos/bulletin/rede-von-bundeskanzlerin-dr-angela-merkel-1892124.

Olsen, Christina. 2023. Treaty-Making in the CoE. In *Council of Europe (CoE)*, hrsg. Tanja E. J. Kleinsorge, 155–169. Alphen aan den Rijn: Wolters Kluwer. 4. Aufl.

Palmer, Simon. 2023. The Committee of Ministers. In *Council of Europe (CoE)*, hrsg. Tanja E. J. Kleinsorge, 105–114. Alphen aan den Rijn: Wolters Kluwer. 4. Aufl.

Panke, Diana. 2018. Mehrebenenpolitik, Multilevel Governance. In *Handbuch Staat*, hrsg. Rüdiger Voigt, 1871–1882. Wiesbaden: SpringerVS.

Parliamentary Assembly. O. J. *National Delegations: Germany.* https://pace.coe.int/en/aplist/countries/17/germany.

Patel, Kiran Klaus. 2013. Provincialising European Union: Co-Operation and Integration in Europe in a Historical Perspective. *Contemporary European History* 22(4), 649–673.

Patel, Kiran Klaus. 2018. *Projekt Europa: Eine kritische Geschichte.* München: C. H. Beck.

Patel, Kiran Klaus. 2020. Why the EU became Europe: Towards a new history of European Union. *Annals of the Fondazione Luigi Einaudi* LIV, 199–216. https://www.annalsfondazioneluigieinaudi.it/images/LIV/2020-1-010-patel.pdf.

Rat der EU. O. J. *EU-Haushalt 2024: Wichtigste Bereiche.* https://www.consilium.europa.eu/de/infographics/2024-eu-budget/.

Rülke, Steffen. 2003. *Venedig-Kommission und Verfassungsgerichtsbarkeit: Eine Untersuchung über den Beitrag des Europarates zur Verfassungsentwicklung in Mittel- und Osteuropa.* Köln: Karl-Heymanns Verlag.

Scholz, Olaf. 2023. Rede von Bundeskanzler Olaf Scholz bei der Eröffnungssitzung des Gipfeltreffens des Europarats in Reykjavík, 16. Mai 2023. *Bulletin der Bundesregierung* 55-3, https://www.bundesregierung.de/breg-de/service/newsletter-und-abos/bulletin/rede-von-bundeskanzler-olaf-scholz-2191384.

Ständige Vertretung Europarat. O. J. *Über uns.* https://strassburg-europarat.diplo.de/eur-de/ueber-uns.

Verdier, Marie-France. 1997. L'élargissement du club des démocraties: l'adhésion de la Russie et de la Croatie au Conseil de l'Europe. *Les Petites Affiches*, n° 126, 4–10.

Wadephul, Johann. 2025. *Rede von Außenminister Wadephul zur Konferenz anlässlich der 75jährigen deutschen Mitgliedschaft im Europarat,* 8. Juli 2025. https://www.auswaertiges-amt.de/de/newsroom/2726610-2726610.

Wassenberg, Birte. 2010. Le Conseil de l'Europe face au Pacte atlantique, l'OTAN et la défense européenne (1949–1954). In *L'OTAN et l'Europe,* hrsg. Birte Wassenberg et al., 25–53. Brüssel: Peter Lang.

Wassenberg, Birte, 2012. *L'Histoire du Conseil de l'Europe (1949–2009).* Brüssel: Peter Lang.

Wassenberg, Birte. 2018. The Council of Europe's Role in the History of European Integration. In *Formes d'Europe: Union européenne et autres organisations,* hrsg. Gilles Grin et al., 267–300. Paris: Economica.

Wassenberg, Birte. 2024a. *History of the Council of Europe: 75 Years of European Co-Operation.* Strasbourg: Council of Europe.

Wassenberg, Birte. 2024b. Deutschland und der Europarat: Die Geschichte einer Wertegemeinschaft. *Geschichtsbewusst.* Konrad-Adenauer-Stiftung, 3. Mai 2024. https://www.kas.de/de/web/geschichtsbewusst/essay/-/content/geschichte-europarat-deutschland-council-of-europe.

Wassenberg, Birte und Frédérique Berrod. 2025. ‚Unis autour de nos valeurs': Le Conseil de l'Europe incarne-t-il une communauté de valeurs? *Revue des Droits et Libertés Fondamentaux* chron n° 11. https://revuedlf.com/cedh/unis-autour-de-nos-valeurs-le-conseil-de-leurope-incarne-t-il-une-communaute-de-valeurs/.

Weidenfeld, Werner. 2025. *Die Europäische Union.* Paderborn: UTB Brill. 7. Aufl.

Wiessner, Peter. 2012. Deutschland ist raus aus der Pompidou-Gruppe! *magazin.hiv,* 10. August 2012. https://magazin.hiv/magazin/global/deutschland-ist-raus-aus-der-pompidou-gruppe/.

Zum Weiterlesen

Brummer, Klaus und Birte Wassenberg. 2024. Europarat und Europäische Union als ‚strategische Partner'? *Zeitschrift für Politik* 71(4), 386–409.

Europarat. 2024. *Der Europarat im Überblick.* Strasbourg: Council of Europe. https://edoc.coe.int/en/an-overview/7070-the-council-of-europe-an-overview.html.

Ludwig, Andreas N. 2024. Verantwortung für Europa: Substaatliche Regionen im Mehrebenensystem des Europarats. *Zeitschrift für Politik* 71(4), 433–449.

Wassenberg, Birte. 2024. *History of the Council of Europe: 75 Years of European Co-Operation.* Strasbourg: Council of Europe.

If you have any concerns about our products,
you can contact us on
ProductSafety@springernature.com

In case Publisher is established outside the EU,
the EU authorized representative is:
Springer Nature Customer Service Center GmbH
Europaplatz 3, 69115 Heidelberg, Germany

Printed by Libri Plureos GmbH
in Hamburg, Germany